# 我想和自己，好好在一起

曾彥菁
Amazing
——著

—自序—

# 想要自由自在，我們就該回頭面對恐懼

「為什麼你與自己的相處，總是這麼彆扭？」這是開啟這本書的一個問句。

一日下午，我與朋友E聊著天，說到身邊的人大部分都三十歲了，「但還是有很多人跟自己的相處很彆扭、不自在，每天想東想西，做了一個選擇又後悔，我在旁邊看都覺得很折磨。」

我懂那樣的心情，覺得自己離理想還有段距離，害怕辜負了人生，搞砸他人期待，失去被愛的資格，然後被世界拋棄。但是屈服於社會規則與期望，換得了合群的安心，卻又不甘心隱去自己；就算決定放手一搏，周遭的眼光又讓你顧忌，是不是飛得太超過？

搖搖擺擺，在不同的我和他們之間，無所適從。還沒與其他人相處困難，我們就已經在內心跟自己幹架數回，遍體鱗傷。

我就是與自己難以和平相處的人，期望自己優雅、自信、大方、得體，但現實是總壓不住心中常冒出的憤怒、悲傷、嫉妒、自私，每每這些小獸出來搗亂，我就焦急著想把它們壓回去，害怕被看到，害怕被發現，原來自己是一個這樣的人。

那些小獸，就是陰影、黑暗，我們不喜歡的自己。急欲擺脫，卻深深扎在我們的靈魂裡，根深蒂固。

我們不希望陰影存在，最大的原因就是想要被愛，但我們又羞於承認自己想要被愛，於是演出許多與心意不符的戲碼，做了太多背離靈魂的行為，最後變成不想要的人生。也許只要一個「對自我誠實」的轉變，一切就會不一樣。

我的誠實轉變，來自二十五歲的失戀，發現我在戀情中想填補的，其實是來自原生家庭的缺憾。恍然大悟，原來問題的源頭在這裡，以前都錯用了力氣向外追尋。

於是開啟了一連串內在探索，陪自己看一路脈絡，在哪個節點我曾經受傷了？哪一次的失落讓我決定長出保護自己的刺？過去的我，現在的我，是怎樣的人？未來的我，又想往哪裡走呢？

這一趟旅程比想像中長好多，我看見家庭、教育、性別、關係對我們的影響，這些經歷怎麼刻鑿我們的樣貌，使我們成為如今在這裡，喜歡與討厭的自己。這本書就是那段旅程的敞開，我將自己剝開黑暗的過程寫了出來，憤怒、悲傷、嫉妒、自私的我，都隨著墨水印上了紙頁。希望讓大家看見，一個真實的人類包含了陰暗，但也因為這些陰暗，我們從而立體、多變，像個真正的人。

陰影從來不需要被消滅，只需要被看見、被理解，被你自己好好接納。

近三十歲後，發現我的人生關鍵字是「自由」與「自在」，希望擁有不被恐懼操弄而不敢活成自己的自由，每一刻都能與自己好好相處的自在。

想要自由自在，不能只是向前追求，更要回頭面對恐懼，因為我們生來本就無拘無束，只是名為恐懼的絲線纏住了我們。解開，你就自由，你就能飛躍了。

就從根源開始解吧，你對父母的又愛又恨、你沒有療癒的失戀之傷、你被性別框住的天性、你不敢正視的內在聲音。

遁入黑暗你會害怕，但是過了之後你會明白，一切值得。

## 目次

# PART 2

## 親愛的恐懼，你要帶我去哪裡？

PART 3

# 性別練習生，加油！

# PART 4

## 如果來這裡，是為了做些什麼

PART 5

# 對自己好，從來也不用等別人



**後記**

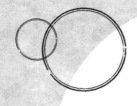

# PART 1

# 有時為愛受傷，有時因愛而生

# 失戀進程

「你覺得失戀後，大概要花多久時間才會復原？」

曾經在一次受訪時，一位編輯這麼問我。我依照自己的經驗誠實回答：「兩年。」編輯露出驚訝表情，說這樣會嚇到讀者吧，兩年太久了。我說對啊，但真的就是要，這麼久。至少，在我身上是這樣。

那是九月下旬一個颱風假後的夜晚，剛好連著週末放了四天，全臺灣的人都在稱讚這颱風真會選時間。我一個人在手機前瞪著漆黑畫面，四天來沒收到一通電話甚至一則訊息，忍不住打過去問他心裡到底有沒有我？得到的答案是：

「我們早就走不下去了，妳為什麼要一直勉強我。」

他說得沒錯，我是多次在加護病房大喊：「不要放手！不要放手！」的家屬，為愛情插管、電擊，緊急搶救了無數次，臉書感情狀態刪刪改改，全都是要他回心轉意的賭氣，但他終究選擇放手離去。

最後一次見到他是什麼時候？他穿了什麼、臉上表情怎麼樣？那時候我們說了什麼？我有深深擁抱他嗎？為什麼就再也沒有了？我什麼都想不起來，大腦無法提前預知那是最後一次。

錯過的快門，錯身的愛人。

**【第一晚】**

一個人蹲坐在穿衣間的鏡子旁大哭，房門緊鎖再加一層拉門隔絕哭聲。有某種重要的東西從身上硬生生被扯斷了，血肉模糊。第一次感受到什麼叫心好痛好痛，淚水始終無法停止地湧出，哭泣到來不及呼吸。

想起大學時室友失戀，跌坐在門口哭的模樣，那時候還想：「小姐妳也太誇張了，只是失戀而已。」原來，不只是失戀而已。

半夜三點，拖著身體爬上床，隔天還要去上班，人生沒有哪一刻比現在更希望颱風倒轉回來。凌晨六點，徹夜失眠，我成為全世界最悲慘、最可憐的人。

## 【第一天】

在臉書上宣告：「單身，期待探索世界，以及自己一切美好，回歸生活，回歸自我，相信一切都會很好。」配上一張微笑自拍，出發去辦公室。

當天的表現不太好，一連出了好幾個失誤，簡單的統計數據錯誤，該送出的資料存在草稿夾，該下的訂單少了幾個數字。忍著打轉一整天的淚水，故作鎮定，假裝認真工作。同組的同事也出包，自己簡直快爆炸。

好不容易熬到下班，忍不住打給前男友，一接通立刻大吼：「都是你害的！你把我變得這麼悲慘，害我連工作都做不好！」在路上發瘋地又吼又鬧，路人都被嚇傻了，我仍不顧形象地歇斯底里。前男友還是很有耐心聽我發洩情緒，就如他一往當我情緒的垃圾桶。

突然發現，就是因為我往他身上倒太多的情緒垃圾，才讓我們過去那段日子總在爭吵中度過，他的儲藏空間滿了，再也塞不進更多我的垃圾，但我卻沒有發現，不知節制地往死裡倒。

羞愧地掛上電話。找朋友來家裡陪我過夜。

## 【第一個禮拜】

大哭的次數減少，慢慢洗滌出一種醒悟。

開始回想兩段感情中，我沒有安全感、想要控制一切的樣子，到底在怕什麼？想起被拋棄的感受，和小時候父親外遇離家的情景好像，心碎的母親、茫然無助的我，突然好想回家，緊緊抱著母親。

好像有了方向，買了關於「原生家庭」的書來看。失戀是一個全盤檢視的絕佳時機。

## 【第一個月】

他跑回來，哭得像個孩子般，求我們回去從前的關係。我沒有多問也沒有多說，只是微笑著，打開臉書頁面，靜靜地一一與他更新我的近況，那些早就好想好想與他分享的事物——直到醒來，我才知道這是夢。

朋友們充滿熱切的關心，希望我可以快點走出來，為了回應這些關心，在臉書上我不再敢發表關於失戀的心情。當朋友們問：「妳放下了嗎？」我一定要用力地點頭，精神飽滿地說：「當然啊！」然後擺出一個勝利者的微笑。如果我說我還沒走出來，大家會怎麼看我？傻女孩、笨女人？他們的反應又會是什麼？

一邊讀著家庭治療的書，為自己身上的破洞找到答案，心裡多懊悔，我沒有意識到自己的殘缺，卻要親密愛人去補那個父親的位子。

傳訊息向他道歉，Line 是他唯一還沒封鎖我的管道，我唯一的攀繩。

對不起沒能早點發現我對家人的缺憾，對不起一直誤把你期待成他人，對不起我還是很想你。

**【第二個月】**

看著金馬獎典禮直播，舒米恩唱《太陽的孩子》電影主題曲《不要放棄》：

天將暗了，你還願意等待多久
心受傷了，你是否也默默著承受這一切
如果生命繼續向前，
總能看到前方的路會開
如果生命繼續向前，
不論遇到壞的、好的，
都是值得經驗的
不要放棄自己，生命不會重來

又哭了一場，不要放棄，不要放棄，路會開，希望迎面而來。

努力喊話，為自己加油打氣。

## 【第三個月】

在工作中維持住人形，辦公室加派了更多任務給我，相信失戀的人就要這樣分散注意力，他們是對的——但偶爾還是偷偷渴求能有失戀假。

出差到柬埔寨，想起以前會寫長長的電子郵件，跟他分享海外工作點滴，不論討厭的、開心的，現在無處投遞了，突然覺得好寂寞。

回程的飛機上，決定寫給他最後一封信：

你想要一個什麼樣的人生？什麼樣的伴侶？我們好像從來沒有聊過這個話題。

經過沉澱後，我有了更清楚的想法。我想要一個「繁盛」的人生，這個渴望讓我產生了勇氣。我想要沒有畫地自限，沒有地雷，但仍有原則的人生。所以過去害怕的事情，如狗狗、鬼、一個人睡，我都在突破中，我不要人生中有禁忌或不敢面對的黑暗地帶。

繁盛的人生，更大的其實是突破成長過程中，伴隨我二十幾年的自我懷疑、不安全感、情緒化、害怕失敗，甚至是過去跟你吵架時的抓狂、瘋癲、失控，雖然回想起來覺得很丟臉、想把自己掐死，但我還是撿起這些殘缺的自己，並且接受他們是完整的我的一部分。我看見了他們，我會帶著他們一起長大，不再把他們丟在黑暗角落，隱隱成為心中的負面能量。

謝謝你遵守當時的承諾，分手後還是回應我的訊息，伴我走過。即使不確定你是否真的讀了這些文字，但我每次都有「被接住了」的感覺。

謝謝你，就接到這邊吧。

真正往前了一大步。

**【半年】**

將失戀後的體悟，寫成文章投稿到《女人迷》，獲得編輯回信：「我喜歡妳的文字，像溫柔的陪伴，輕輕地說。」持續投稿幾篇後，獲邀成為專欄作家，那天是二月十四日情人節。

「我愛過的人給了我一盒黑暗，很多年以後我才理解，那也是一份禮物。」——*Mary Olive*

我終於明白了這份禮物。

## 【一年】

跌撞前進一年多後，我進入了下一段感情。

有人說治療失戀最快的方法，就是趕快再找下一段戀情，我也以為自己終於痊癒出院了。但是當我進入新的關係，卻更清楚意識到，很多傷口還沒有好。

我表現得很貼心，急著當一個好女友，修正上一段戀情的失敗。像個考試不及格的學生，花了一年認認真真重修，研讀好多家庭治療、關係經營、幸福守則的書，在心裡演練了好幾百回。

當他出現，我緊握拳頭，眼神熾熱。「實戰課開始了！我終於可以在一段關係中，看看自己修煉的成果！」不停拿現在的自己，和過去的自己做比較，希望這次能高分過關。

在他忙碌的夜晚，我不吵不鬧，安安靜靜做自己的事，乖乖地等他完成手上的工作。在他特別疲憊的時刻，我溫柔照顧他，心甘情願為他跑去買藥，陪他休息。我以為自己更好了，但是，劣根性慢慢長回來。在他沒有陪著我的時候，我開始失落，忘了他在忙碌中還是來找我的時刻。我依舊小心眼、愛生氣、偷吃醋、瞎擔心；我愛得很克制，不想把好不容易遇見的他嚇跑。但我還是不太像理想中那樣美好。

我對男友坦承我的心情：「如果可以的話，請陪我拙劣地練習怎麼好好愛。」像是求指導教授收我為徒。他深深接住我：「理想中的美好不重要，我一直都在，能陪妳好好的練習，也讓我覺得自己很幸運，謝謝妳跟我說。」這個意思是，我可以繼續修這門課了嗎？

後來的日子，我們仍會吵架，我會變回本來的樣子，對他大抓狂。我會拿他和父親比較：他們會不會一樣不遵守承諾？不負責任？他們會不會一樣不愛回家，不想要親密關係？他們會不會一樣愛說謊，在背後欺騙我？

一邊檢視，一邊告訴自己，他們是不同的兩個人，母親摔過的坑，不代表妳會再跌一次；如果真的碰上，也不是注定，可能這種事的機率就是比想像中高。

課程沒有修業期限，我努力破除過往的恐懼與信念，打開眼睛去看真實的他，還有真正的自己，一切不信任、不安全感都源於內心。熱戀時仍舊修著失戀後的功課，唯有在一段關係中，無所遁形，你才會照見更多自我。

我不知道自己什麼時候好了，也不知道是不是真的「好了」。但我漸漸褪去懊悔，慢慢成為了那年期待的「繁盛」之人，害怕自己受傷所以先口出惡言的習慣，慢慢獲得控制，能夠說出真實的希望，而不是反著假裝不在乎。把裝滿刺的盔甲卸下了，願意交付裡頭柔軟的真心，對情人、家人、朋友都是。

我感覺自己在重新發芽，原本的荒蕪之地，逐漸回復茂密生氣，我又是可以放心去愛的人了。我的失戀走了兩年，好久好久，比想像的長上許多，但也比想像的，更遠更遠。

失戀，就像感冒，不管有沒有看醫生吃藥都要七天才會好。失戀這樣的大事件，也會有一個屬於自己的進程。

第一階段，你一個人舔拭傷口，小心翼翼地包紮起來，等待修復，檢討反省，痛定思痛。期間反反覆覆，心痛啃噬齧咬，一度以為這輩子好不了，回過頭求原諒，一路跌撞打滾，哭著向前。

等傷口淡到只剩疤痕了，你會怕痛、怕再次撞傷，但不管怎樣都不能廢了，你要開始復健，回歸日常，復原就是為了能如常生活，再次愛得狼狽也好，去當一個人類，愛恨嗔癡、笑淚交織。

時間長短從來不是重點，而是這個歷程你願不願意往深處走，往心裡走，往自己走。不麻醉痛苦，也不阻斷再愛的路途，讓一份失戀的體驗完整，就是失戀能帶來的最好禮物。

# 回家當女兒

我曾經以為在與原生家庭的課題上，我只需要處理跟父親的關係，從小跟媽媽情感緊密，應該沒有什麼問題。

分手後兩天，剛好有朋友來家裡找我，聽我哭著說分手的事。她突然問我，前男友是不是有姊姊或妹妹？我說沒有呀，疑惑地問怎麼了？她一臉不知該不該說的表情，緩緩告訴我：「前兩個禮拜，我好像在火車站看到他，跟另外一個女生走在一起，而且那個女生還勾著他的手，看起來滿親密的。」「我當時不知道要不要跟妳說，怕可能是我誤會或看錯了，但現在我覺得他應該早就跟別的女生好了。」

當下我第一次感受到說不出話的無助感，全身癱軟無力，好像一直往下墜。

我從來不曾懷疑他，沒有查看過他的手機，當他一直沒接電話或說正在忙，我也從來沒有想太多。我不敢置信，一直以為自己很了解他，也許根本就沒有這回事。

像無頭蒼蠅一樣連續問了幾個認識他的朋友，只想要一個答案，終於發現原來他早在半年前，就跟別的女生曖昧了。我什麼也不知道，覺得自己的尊嚴被踩在地上，狠狠踐踏，憤怒又羞愧。

那天晚上，我遲遲無法睡去，一直想著這件事怎麼會發生在我身上？我怎麼可能會遇到這種事？

突然間，我想起了母親。

從我很小的時候，父親就有了外遇，印象中有好多次，母親都是躲在房內偷偷哭。我看著她這麼難過，心底懂了世界上有一種男人，是會外遇、劈腿的壞男人，等我長大了一定不要跟母親一樣，挑到那種壞男人，重蹈她的覆轍。

心裡有一部分無法理解母親，覺得她怎麼那麼笨，找了一個不好的男人當老公？我想要證明自己絕對不會像她一樣。

「我一定可以超越母親。」一直這麼倔強地想著。

直到自己遇到，我才發現，啊，原來我也一樣笨。仔細回想，有幾次他不明的消失，也許早透露出了訊息，只是我沒有意識，或是不願多想。

母親當年也是這樣心碎一地嗎？必須在兩個年幼的孩子前堅強起來，她又是多麼地努力？那一瞬間，我覺得好對不起媽媽，她這麼辛苦撐著，我非但不曾體諒她，還暗暗覺得她太傻了，想要證明我挑伴侶的眼光比她好，證明我們家庭的崩離，其實是可以避免的。

好多好多抱歉，一陣湧上心頭，比失戀還窒息。我決定去找媽媽。

輕輕推開房門，把已經睡著的她搖醒，媽媽看我哭得崩潰，以為是因為失戀的關係，把我抱在懷裡。我一邊哭一邊道歉：「對不起，我以前都覺得妳好笨喔，挑到一個壞男人，還沒有發現他外遇了。可是我現在終於懂了，這不是妳的錯，我自己也會遇到這種事。」「而且就算妳的例子已經在我面前，我也無可避免遇到了，我以為我可以做得更好，但真的好多事都無法控制啊。」

媽媽聽完，也抱著我哭了，一直跟我說沒關係，會過去的，會過去的。我們一邊罵著世上的男人都是爛傢伙，一邊笑笑哭哭。我在她的懷裡，哭得好傷心，好安心。那個倔強不想重蹈覆轍的我，變回了一個臣服的孩子。

過去的自以為聰明，想要超越她的命運，其實也是希望她不用為我擔心。親愛的媽媽，我不會遭受妳受過的傷，讓妳再次傷心，我會是個毫髮無傷的堅強孩子，妳不用為我操煩。

但也許我不需要超越，只要跟她站在一起，理解支持就好。

我們小時候可能都曾發誓，不要步入跟父母一樣的關係，爭吵、背叛、憎恨、撕裂、離散。努力爬過地雷區小心翼翼，每一步都用盡最大力氣，卻還是被炸得遍體鱗傷，頓失重心對天怨怒：「結果我還是跟我爸媽一樣，那我到底還可以怎樣？」

跌落同一個坑，不代表你沒有進步，或是被家族詛咒，而是人世的千千百百種樣態，我們本就有可能經歷，親密關係的經營之難，本就沒有一套永遠不會受傷的劇本。我們的父母在學習，我們也是。

誰說同一個坑，我們不能再跌進去，去獲得屬於自己的經驗，自己的敘事？

很久很久以後，有天跟媽媽聊起父親，她不再像以前憤怒怨懟，反而以釋然的口氣說：「我現在明白有些人是沒有能力，所以才沒有責任感。不一定是他不想，是他沒辦法，你再怎麼逼都沒有用，不如就承認這件事，不要再勉強。」將近三十年的關係，帶給她這份感悟，我則是從失戀的經驗裡，找到療癒自我的道路。

我們遇上了很像的事，我們是母女，我們有過相似的傷心，我們也有著各自的故事。

某年一次家庭旅行，舅舅突然拿出張照片給我，媽媽一瞄到就想搶走，卻被我一手擋下，趕緊把照片收進包包裡。

那天晚上回到房裡，我靜靜把照片拿出來，敬重地捧在手上端看——那是爸媽緊緊相依在一起的畫面，兩人模樣青澀，裝扮素樸，臉上還有著些許稚氣。媽媽穿著學士服，顯然是她大學畢業的那一天，爸爸帶了一小束玫瑰花給她，兩人眼中盡是單純與羞澀，靠在一起好可愛。那也是我看過他們最親密的模樣。

那一刻，我心底升起一股暖流，隱隱在胸口滾動著，像是有新生的力量從靈魂裡長出。

「原來在我誕生的地方，真的有著愛。」

愛很複雜，讓人受傷，也帶人重生，我們無時無刻不翻轉它的意義，但朝向它的永恆目光，不曾改變。

# 恐懼萬花筒

回到家的時候，室友W在客廳滑手機，臉上表情明顯煩悶。她走向廚房拿出一瓶梅酒，倒進透明小杯子說：「我心情不太好，妳可以陪我聊聊嗎？」

我們坐在小吧臺，彷彿真的在酒館，只差沒有昏暗燈光，疲憊癱軟的兩人像黏糊糊的爛泥。

「我公司最近來了一位新人，主管叫我帶他，但我覺得超煩的。」W喝下一口梅酒繼續說：「他什麼都不會做，全部都要問我，好像一個跟屁蟲，明明我自己工作做得好好的，為什麼還要多帶一個新人？」

W氣憤不已，但她也知道照顧新人沒有什麼不好，自己應該不是一個小氣的前輩，為什麼心情這麼受影響？

那陣子我因為失戀的引導，剛剛走上原生家庭的探索之旅，開始理解到許多不明所以的情緒湧動，往往和過往的成長經驗息息相關，於是朝這個方向發問：「妳覺得這個情形很像以前發生過的哪些事嗎？比如說，妳有兄弟姐妹嗎？」

W有個小六歲的弟弟，在她當了六年的獨生女後，突然蹦出來。「爸媽跟我說，妳現在是姊姊了，要好好照顧弟弟。」「可是我一點都不想當姊姊啊，他們都沒問過我。而且我弟每天一直跟在我旁邊，像個跟屁蟲，超級煩的！」

她講著講著，我們都突然驚訝地停下來，「有沒有發現，妳現在公司的情況，就跟當年弟弟出生的情況很像？」W點點頭，停了兩秒才說：「所以我現在會這麼生氣，是因為一樣的狀況又重演了嗎？」

我把失戀後，怎麼發現原生家庭在心中的傷口告訴她，很多現在會引爆我們巨大情緒的事，都是糾纏的影子在作祟，提醒我們有些心痛還在，那些在意從沒過去。再次遇到就像一場重考，沒有用功學習到的，還是及格不了，直到你發現那是一個必修學分。

「妳在成了姊姊後，會不會覺得父母的愛被弟弟分掉了，變得很失落？」W的眼眶開始泛淚，說她真的很難過，父母從沒問過她的心情感受，便期待她當一個好姊姊，就像現在這位主管，沒有問過她的意願，就將新人推給她照顧。

W像是找到了一個入口，回到自己的房間打電話給父母，過了五分鐘，我在門外聽到她大喊：「我沒有想當姊姊啊，你們為什麼都沒有問過我！」嘶吼聲夾雜著哭泣，那是積累了二十多年的委屈、憤怒、心酸，終於爆發出來。

我被這場威力強大的爆炸震懾住，雖然陪她一起點燃的是我，但當時還只是家庭治療領域的新手，誤打誤撞問中要害，竟不小心引爆了核彈。

## 世界其實並不可怕

那天晚上見證了原生家庭影響，不只家庭本身，還包含長大後的愛情、友情、職場，甚至是一個人一輩子與自己的相處。如果沒有看見或是否認壓抑，恐懼就會如萬花筒不斷變形，你看見好多個鬼，你以為世界長得太可怕，其實內心的魍魎始終都是那一個，只是你自己不斷繁衍投射。

我自己在職場上也有一樣的毛病。曾經有一份工作的老闆，是四十多歲充滿威嚴的男性，我只要跟他說話，就會不由自主開始緊張，原先以為因為他是老闆，但後來發現，只要碰到的合作窗口是中年男性，一樣的症狀就會冒出來。

相反地，當遇上中年女性，我反而覺得親切，可以像小孩一樣跟她們聊天、撒嬌，用輕鬆愉快的方式工作。兩者的反差極大，讓我思索自己為何會這樣？

我從小就鮮少和父親同住，與他的互動少之又少，好不容易碰到面，彼此都不知道要聊什麼，場面往往尷尬不已。你知道他應該要是你最親近的人，但偏偏比起陌生人的客套還難，遂擺起一張撲克臉，假裝冷漠簡單多了。

初入社會時，我和他有過短短三年同住的機會，他習慣睡在客廳而不是房間，每每回家他在沙發上，我們不打招呼也不會互看，就像兩個平行世界，我快速遁入房間，他繼續滑他的手機。

與父親的互動如此陌生沉默，我將這樣的中年男子形象投射到職場上。所謂看到黑影就開槍，我看到中年男子便警戒閉嘴，不在他們面前呈現真實的一面，那會讓我不安、不自在，他們不可以看見，有血淚、有感情的我。

後來公司新進一位女同事，和老闆熱絡地不得了：「老闆，你要不要跟我們一起去吃午餐！」「老闆，我先下班囉，明天見！」不是阿諛也不諂媚，就是單純的熱情。我問她是不是跟爸爸的感情很好？她立刻點頭說爸爸超疼她的。難怪能互動地那麼自然、親切，與我的彆扭大不同。

我們不知不覺中，也將自己的家人帶到職場上了，同樣象徵權威的老闆與主管，反映了你和父母的關係；平輩的同事與夥伴，則是你與手足互動的反射。你與哪些族群相處愉快，與誰相處起來特別彆扭，大抵都有跡可循，只是你有沒有意識到。

家庭是我們接觸到的第一個小型社會，你在裡頭學習怎麼跟人互動，父親母親、兄弟姊妹，都成為了你心裡頭的原型，或是一面濾鏡，從此你看待其他角色，都會從這裡出發。

總以為自己在職場上的困境，只是技能不足、態度不夠，但背後隱藏著的心理因素，往往是更根深蒂固的影響，藏得很深很深，深到我們都沒有發現。

想突破很多的「做不到」，必須先看見自己內在的心靈湧動，那才是根源，才是關鍵。

# 不一樣的家，不一樣的我們

第一次和男友J的家人見面吃飯，是在他媽媽和妹妹的生日，她們生日是同一天，四月一號愚人節。

帶著微微緊張的心情，走進飯店大廳，男友爸爸向我們揮手，手上提著媽媽和妹妹的包包，等她們上廁所。我們相視而笑，彼此打了招呼。進到餐廳，爸爸提醒妹妹把頭髮綁起來，媽媽開始幫大家剝蝦，兩人談笑間有默契地一搭一唱。結婚超過二十年，婚戒仍戴在手上，要去拿點心時，兩人還勾著對方。

這家庭裡的成員，對每件事的參與度都高，像是熱切關心男友的影像事業：「你上次去中壢拍的那支活動影片，還沒給我們看耶！」「你的空拍機記得要去送修。」「我幫你買了幾張記憶卡，等等記得拿喔！」他們的 Line 群組也總是熱鬧，爸媽去咖啡廳吃到了美味的蛋糕、孩子跟朋友出遊的照片，或是家裡的小狗萌樣，都會分享在群組。男友每次使用新器材或是拍攝活動時，都會傳照片到群組，讓他們知道自己在做的事。

不管線上或線下，他們都是緊密連結的。吃完飯後，孩子們拿了小蛋糕，叫媽媽許願。爸爸在一旁說：「我們已經很圓滿了，不用許願啦！」

這一句話，我的靈魂為之震盪。能說出「圓滿」的自信，多麼不容易，那是一天天堆疊起來，安定的事業、美好的伴侶關係、緊密的一家人。我在一旁見證了圓滿。

送完他們後，回家的路上，我一直反覆思考著這個家的樣子，與我們家的樣子。「你們家跟我們家，真的很不一樣。」說完，我立刻落了兩行眼淚。被飽滿的愛與親密互動，深深觸動。

對比他們家的緊密與互助，我們家的人，比較像是獨行俠。有一陣子大家分開住，我上臺北工作，媽媽留在新竹老家，弟弟住學校宿舍，群組裡不會熱鬧聊天，打電話通常是因為發生了需要聯繫的事。

「那你喜歡哪種樣子的家？」J幫我擦眼淚，一邊問我。我沒有馬上回答。

## 在不圓滿中長大

父母感情不睦，我在類單親家庭長大，小時候媽媽告誡我們，不要隨便跟別人講我們家的狀況，別人可能無法理解。我懷揣著這塊傷口，小心翼翼不要被看見，怕真的因為自身的不完美被欺負了；但越隱藏就越害怕，覺得自己身上有一個好大的缺陷，深怕被揭開。

直到後來慢慢長大，發現其實身邊許多朋友和我一樣，在不完整的家庭中長大，我們分享著彼此的故事，非但沒有瞧不起對方，更因為類似的境遇而相知相惜。後來我開始寫文章，談原生家庭如何影響我的感情觀，獲得許多人的迴響，揭開傷口反而讓我擁有力量，不再害怕身上的陰暗被發現。

有次去上家庭圖工作坊，多數同學的家庭攤開都坑坑疤疤，父母外遇、家庭暴力、離婚棄養等。我們幫彼此檢視家庭的盲點，比如：「你爸爸在哥哥身上，複製了爺爺對他嚴厲的教養模式，讓哥哥覺得自己不夠好，其實是爸爸本身的議題沒有處理，轉移到孩子身上。」「你媽媽將婆家對她的不滿發洩在你身上，以為只要把你緊緊綁在身邊，把你教得好，婆家的人就會認可她。」

輪到友人M分享的那週，家庭圖一敞開，白板卻突然發了光——從祖父輩到第三代，全都家庭美滿、父慈子愛、兄友弟恭、伉儷情深，每位成員都在自己的角色位置上，彼此互敬互助，沒有惡鬥嫉妒。我們看著他的家庭圖，像是看到一棟瑰麗堂皇的豪宅，驚嘆世間真有這樣溫暖的避風港。「陋室」出身的孩子們，頓時說不出話，無從挑剔起這個家有出什麼問題。

一陣安靜後，老師說：「大家不知道怎麼辦了嗎？美滿家庭的下一步是什麼，我們都沒想過，對嗎？」她接著轉頭問M：「那你自己想成為什麼樣的人呢？」M才訴說他讀研究所時，隻身在國外求學闖蕩，再一路回臺灣發展的故事。

這成了那次家庭治療課影響我最深的一個故事。過去我總以為，自己的不安感、不自信，全是原生家庭的錯，我的起點比別人差、我內心有一大塊缺憾、我一生都要與這樣的傷痛共處，「幸運的人被童年治癒，不幸的人一生都在治癒童年。」我八成沒救了。

但事實上是，不管家庭經驗如何，與父母的認可、童年創傷糾纏掙扎後，每一個人都還是要自己去處理「我是誰？我從哪裡來？我要往哪裡去？」這些一輩子的問題。羨慕那些美好出身的人，是不切實際的，因為你永遠不知道他們實際上的經歷，他們也會失敗，也會失戀，不要以為天生拿了好牌，就一生輕鬆無憂。前方的路，我們一樣都要自己走。

想起J說，他從前也以為全世界的家庭，大概都像他那樣，後來認識了其他朋友和我，才發現原來他是多麼難得的幸福。其實沒有誰好誰壞，就是，不一樣而已。

## 不夠美好的，依然是「家」

我看著自己的家庭圖，覺得稍微歪了點、斜了點，不夠美好，卻也讓我在裡頭長了這麼大，家人們也許不知道該怎麼做最好，但其實也都盡了他們的努力。這個有著光明與黑暗的地方，就是我的來處，使我成為了今天的樣子，能寫自己的故事。

後來的幾天連假，媽媽、弟弟和我回家一起過，我們依舊很獨立地，大部分時間待在自己的房間看劇、睡覺、讀書。但偶爾也會到彼此的房間串門子，跟對方聊聊最近發生的事，很輕鬆自在。

看似不緊密，其實給予了對方最大的自由空間，就像媽媽對我跟弟弟想讀什麼、學什麼、做什麼，從來沒有任何干預。不會每天聯繫，但當我失戀需要尋求安慰，媽媽還是半夜爬起來，陪著我度過了那些傷心。

我感受到兩種樣子的家，都很好，我真心地喜歡。家的形狀不只一種，沒有絕對好壞，或是非對錯；展現愛的方式也有千萬種，緊握或鬆綁，背後都是真切的心意。

「萬物皆有裂縫，如此光才能照進暗處。」——《陽光普照》

每個人都有傷疤，如此，我們才懂如何愛人。

# 誠實面對自己，生命才真正自由

我曾心心念念想要成為一名療癒師，直到一次家族系統排列，我才知道背後的動力是什麼。

那是我的第一次家族排列，當時困擾我的問題是：「我想做療癒工作，像是心理師或身心靈導師，可是一直感受不到力量與勇氣，也害怕家人無法支持，我該怎麼做？」

從我的原生家庭開始，代表爸爸、媽媽與我的三位夥伴，陪我一起探討這個問題。爸爸一開始就往遠方走去，自己孤獨一人，只讓我們看見背影，我見狀也慢慢遠離了中心，但眼神直盯著爸爸，獨留媽媽一人在原地，左右躊躇不知如何是好。

老師詢問爸爸的原生家庭狀況，他的父母在他小時候就雙亡了，是被繼父養大的。代表爸爸的夥伴說，難怪他一直感受到一種無力、絕望，不知道自己為什麼活著，不知道自己該去哪裡。我一直都知道爸爸心裡有個巨大的黑洞，重重把他吞噬，很想做點什麼，卻感到自己無能為力。

老師接著說：「我知道妳為什麼想做療癒工作了。」然後引導我對爸爸說出：「我想成為一位療癒者，因為這是我想為你做的。」話一說完，我竟哭到抽搐且全身發抖，我從未發現，我最想療癒的人，就是我爸爸。

我曾經幻想，也許當我還等著投胎，在天上挑選爸媽時，是不是看見了他們的苦痛，希望自己能來當他們的孩子，給他們陪伴與愛，於是在此生成為了他們的女兒？

老師請代表媽媽和爸爸的夥伴站在我身後，一起將手搭在我的肩膀上，對我說：「我們永遠是妳的父母，妳永遠是我們的孩子，妳不需要為我們的命運做什麼，好好活出妳自己的人生，就是對我們最大的回報，我們會一直支持妳。」即使不是真正的父母，但那些話語仍烙下了深深刻印，轉變了我的心靈。

## 讓改變從「轉身面對」開始

後來我再也沒執著於成為療癒者，不再急著上課學習，好像把一個重擔放下了，明白父母有自己的選擇與命運，即使看到他們辛苦，作為孩子僅僅是陪伴與尊重就好，不必出手拯救，更無需試圖扛起。

那次的經驗讓我明白，自己對父母的愛比想像中多更多，連同他們的苦痛都想一併承受、改變，願意將自己的生命奉獻給父母，只為他們能開心活著，也許世上的每個孩子都是這樣。

承認你很愛父母，比說出你恨他們，還要難上百倍，通常假裝不在乎是比較容易的，看起來也比較帥氣。但我的人生卻是在誠實接受：「我很愛我的父母」、「我曾因為他們感到受傷」、「我不想再為此而苦」之後，開始有了轉化。不再轉身離去卻日夜掛念，而是正視這份在乎，進而產生改變與行動，回應自己真正的心意。

現在回過頭看，這樣的改變有五個階段，分別是：誠實、承認、臣服、承諾、成為。

**誠實**：這是最重要的第一階段，你願不願轉過身來，真實地面對自我？你對父母有所期待，但落空讓你難受；你的內在有憤怒、委屈、怨懟、傷心、期盼；你很希望自己的家庭美滿、家人快樂。不要壓抑或掩飾，誠實看見他們存在，你的內在有愛也有黑暗，大家都是。

**承認**：拿下社會規範的道德觀，與保護自我的盔甲，承認在過去的生命裡，你曾有過受傷經驗，來自最親近的家人。承認自己的受傷跟脆弱，那些情緒形成了膿瘡，擋住你愛世界的能力，不用再欺騙自己，或是假裝沒事，讓事實與感受照見光。

**臣服**：不須用力去抵抗這些感覺，臣服於「關係就是會讓人受傷，父母不一定能盡善盡美，我們自己也可能做得不好。」或是「父母與家族有他的命運，總可能會有讓人措手不及的無常發生，並不是因為誰做錯了什麼。」把專注力放在自己真正可以掌握的範圍，我是家族中的一員，在我的位置上做好自己就好。

**承諾**：在接下來的日子裡，你會帶給自己快樂、你會好好保護自己、你會以期待被對待的方式呵護自己，想得到的東西和想成為的樣子，你都許諾以自己的力量得到。不再等著父母改變，把依附於他們身上的生命責任拿回來，你給自己最高承諾，永不拋棄，堅定陪著自己。

**成為**：走過自我檢視與釐清意念的階段後，就是不斷去付諸行動，將想望實踐，漸漸成為自己承諾，喜歡的樣子。當力量都握在手裡，你便能感受到生命的自由。

不只是家庭，在工作、伴侶、友情、健康、財富等一切面向上，你都可以循著這五個階段，一點一點地開始改變。

對我來說，這些階段裡最難的即是第一步——轉身誠實面對自己，有很多的不堪我們不願接受，或是不被社會允許的情緒，我們不敢說出。

但卻也是這一個轉身，讓我們能夠面對真正的問題，不再是對空揮拳，而是讓每一個力道都扎扎實實回應給你所在乎的。

看進心底深處，活得誠實，過得真實，願我們都不負此生。

# 生命的缺憾，不該透過戀人來完成

我時常會回想，我跟前男友H之所以會在一起，是因為我們都對自己的家庭充滿缺憾。

H跟我是大學時一起到印度當志工的隊友，有天早上大家都還在熟睡，就我們倆早起，有了單獨聊天的機會。他告訴我，他很想念曾經相愛的父母，充滿溫暖的那個家，不明白為什麼長大之後，他們越來越不相愛，越來越常爭吵，越來越恨對方。他在那個家，覺得寂寞孤單，那不是屬於他的地方，再怎麼努力調停，都無法回去從前。

那天的某一刻，看著在我面前展現脆弱的H，我的心門被敲開了，我心想，怎麼會有人的缺憾跟我如此相似？從小父親就外遇不在家的我，在成長過程中，也始終覺得這樣的自己好殘缺，卻又逼著自己裝堅強，假裝一切沒事，我很好，就算沒有父親陪伴，還是順利長大，「真是太好了，我根本不需要父親。」

我們都是習慣把缺憾埋藏的孩子，那心底的破洞，成了我們靈魂契合的地方，也期待對方是那個可以拯救自己的人。

我最喜歡在假日跟H待在一起，哪裡都不去也行，跟他在一起最快樂、輕鬆；回家則充滿不安，不知道何時會遇見爸媽吵架爆發，我們就像彼此的避風港，在欲墜的世界相互依靠。每當我訴說心中遺憾，交付不曾讓他人看見，最脆弱赤裸的我，他都能溫柔承接，而且同情同理，讓我覺得我們真是世界上最靠近的人。

有天晚上我們在學校已打烊的餐廳談心，空蕩的座位只有我們兩個，聊到他父母最近又吵到要離家出走，心情煩躁鬱悶，我輕撫他的頭，細語又遺憾地說：「我覺得父母是我們身上的一個印記，可能一輩子都會這麼影響著我們吧。」他看著我靜靜點頭，把我擁入懷中。

那一幕在我腦海裡始終清晰，我們像失根的樹，在風霜裡彼此纏繞、依賴，以為有對方就好了，生命就沒有缺憾了。可是沒有想過，我們對關係的期待與託付，竟然成了愛情最沉重的包袱。

在關係的最後一年，我先入了社會，我們開始無數次爭吵，每當我遠行出差，不再能熱絡回應，H就覺得被拋棄，急速冷凍自己的感情，說要分手。他無法信任愛人不在身邊，仍會愛他如初，於是選擇先逃避，自己才不會受傷。而我，則是一偵測到H的冷漠，就焦急覺得我快要失去他了，然後崩潰大哭，拚命哀求、討好、挽回。承諾我會改進，承諾會更加愛他，承諾即使遠行也不會放下他，每天打電話給他報備。

可是情況從來沒有真正改變，只是越來越糟，我們越來越常大吵、互罵、摔東西，像是兩個受到詛咒的人，在無盡重複的輪迴中折磨、受苦。耗盡所有心力榨乾愛情後，最終還是分手。

分手的那陣子，我每天哭著失眠，不敢相信曾經這麼信任，這麼相配的兩個人，為什麼還是分開了？我們哪裡努力不夠嗎？我們哪裡做錯了嗎？我開始去回想，為什麼每當H變得冷漠，我就覺得像是末日來臨，如此崩潰？我到底發生了什麼事，內在的感受被如此激烈觸發？H又為什麼當愛人不在身邊時，就完全失去安全感？曾經相愛的人，變得好陌生，我們兩個人，到底出了什麼事？

我看了很多文章，講怎麼療癒分手的傷痛，想陪自己走過。有一天，我看到許皓宜老師的《跟父母和解：療癒每段關係裡的不完美》，發現彷彿就是我的解答。裡頭描寫了十六種內在小孩，因為「童年的家庭缺憾」而失衡的狀態，像是「無法在人前示弱」、「無法控制地依賴別人」、「不敢拒絕別人」、「容易無端對別人發火」，幾乎每一個症狀都被寫中，我的弱點被明明白白指出。直到那個時刻才發現，即使我一直否認家庭對我的影響，它都真實存在，而且大大影響我的性格，以及我的每段關係，我沒有意識到，自己在找的伴侶，其實是想用來填補父親的位置。

我期待H扮演父親的角色，接受我的好與不好，承接我所有的情緒，又要在我身後當堅強的後盾，支持我往自己的夢想前進。我對H的期望如此深切，甚至在他身上長出自己的根，以致於當他冷漠抽離，我會崩潰失控，因為那就像我童年曾經歷父親的離去，當時哭泣無助、渴求父愛憐憫的小女孩，一直困在心裡從沒長大，等一個人來救她。

可是當生命的缺憾與陷落來自家庭，生於自身，再怎麼期待外界的救援，其實終究都徒勞無功。只要在某個相似情境中，我又感覺自己像當年那個被拋棄的女孩時，積累二十多年的絕望與自我否定，就會再次席捲將我淹沒。

這不只是在感情上，在工作、友情、交際，所有的生活情境都會發生，因為重點一直都不是外在環境怎麼了，而是我的內在心理長什麼樣子。關係就像鏡子，反映我內心所有的不安與脆弱。

我像是開了一扇門，得到全新的生命觀點，開始認真去面對童年的缺憾。看了很多家族治療的書，也做了很多功課，甚至坦然告訴父母他們婚姻對我的影響。這麼做不是為了怪罪他們，而是讓我有機會與自己心中的遺憾和解，讓那些過往釋放。

我也慢慢學著照顧自己的情緒，安撫那些不安穩的心情，像一個大姊姊一樣陪伴我心中的小女孩，把圓滿生命的責任，放回自己身上。這條路確實比想像辛苦，挖開的很多傷痛，都是從前不願面對，或是塵封已久的，有時後座力驚人得彷彿要把我吞沒。可是我知道不能再像以前一樣，一再逃避那些不舒服的情緒，也不能把希望與責任交付他人，反而認真告訴自己：「我的生命過得如何，全是由自己決定與努力，我為自己負起全部責任。」

走了好幾年，一路修修剪剪、跌跌撞撞，有時以為自己進步很多，有時發現自己又退回原形，甚至討厭自己討厭得要命。但是我卻非常相信，生命的成長就是要狠狠地切，再溫柔包覆，不再像個孩子般逃走，才能真正進化成更好的人，遇見更美好的生活。

漸漸地，我不再像以前一樣，一碰上煩心事就怪別人，或是感覺不安就情緒爆發。我開始一次次練習提醒自己，先靜下來沒關係，不必怕被拋棄就去討好，也不必怕被否認就去鬥爭，那個曾被丟下的我已經長大，已有能力成為自己最好的伴侶。

好想告訴親愛的H：

我多希望這些體悟，在你身上也發生了。

能誠實承認對家人真摯的在乎，然後從問題的根源開始處理，面對成長中曾有的渴望、期待、失落、傷害，學習照顧自己的情緒、身體、心靈，為自己的生命樣態負責，為自己所在乎的事改變，而不是祈求下一位伴侶來填補或拯救。衝破原生議題帶給我們的限制，一直都只有我們自己來才行。

當年我對你說：「父母是我們身上的一個印記，一輩子都會影響我們。」

可是現在我卻覺得：「父母會影響我們很多，可是我們能透過一次次覺察，去更加認識自己，療癒自己的傷口，慢慢解開過去的綑綁，讓自己活得自由自在。」這才是生命該走的方向。

有時想想，其實很為我們惋惜，好多領悟跟成長，都是在你離開以後，我才開始學會。你彷彿一個老師，進入我的生命教了些什麼，教完以後，就走了，剩我留在原地，成長生命的智慧，回頭看你卻再也不在。

好幾個晚上，我獨自懊悔，怎麼不能在你還在的時候，就擁有那些智慧，好好彼此相愛，讓愛情就只是愛情，不用乘載其他不屬於的期待。讓你就只是你，不必是缺憾生命裡的其他角色。

但是，沒有經過這一遭，我永遠無法長成現在的樣子，也許就是唯有錯過了你，我才能真的長大。因為我曾用力愛過，分開的痛，才能成為之後破蛹的力道。

後來，每當我讀到這首詩，都會想起我們：

「在年輕的時候，
如果你愛上了一個人，
請你，請你一定要溫柔地對待他。
不管你們相愛的時間有多長或多短，

若你們能始終溫柔地相待，
那麼，所有的時刻都將是一種無瑕的美麗。
若不得不分離，
也要好好地說聲再見，
也要在心裡存著感謝，
感謝他給了你一份記憶。
長大了以後，
你才會知道，
在驀然回首的剎那，
沒有怨恨的青春才會了無遺憾，
如山岡上那輪靜靜的滿月。」——席慕容〈無怨的青春〉

親愛的H，謝謝你在那三年，投注了你的所有，陪我傻傻練習愛。我真心祝福你，能讓傷痛淬煉靈魂，然後活成你喜歡的樣子。

我會永遠記得，那晚在餐廳裡，我們緊緊相擁，用最溫柔的愛，輕輕安撫了彼此曾有的不安。

我也會永遠記得，那一年的夏天在學校裡，你和朋友坐在草皮上聊天，我遠遠呼喚你的名字，你轉過頭，發現是我，開心地笑了。

那一日，陽光明媚燦爛。

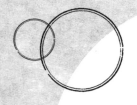

# PART 2

# 親愛的恐懼，你要帶我去哪裡？

# 犯錯沒關係，你還是可愛的

「彥菁，有一段引言沒有標註到資料來源，請妳確認一下喔。」

傍晚收到編輯來訊，立刻警鈴大作，把看到一半的劇停下，卯起來回想上週交出的這篇編譯稿，是在哪裡看到的資料？每個可能的連結都點開來看，一邊內心劇場盛大上演：「天啊！怎麼沒注意到這件事，她會不會覺得我很不專業！」「到底是在哪裡看到的資料，快給我出來！」「找不到啦怎麼辦，嗚嗚嗚。」沒有順利找回遺失的資料，倒是發現了新的報導，於是修改原本的內容，附上有明確資料來源的新版本，跟編輯說不好意思，我以後會注意。

從頭到尾，編輯都客客氣氣，完全沒有指責，溫柔提醒，但我就像怕被記警告的孩子，焦慮不安、瘋狂自責，一點點錯誤都不允許自己犯下。

## 最丟臉的那幾次

人生最丟臉的一次犯錯發生在小二，當時下課後都要去安親班，寫完作業拿給老師檢查。那天我跟著大家排隊，突然一陣尿意竄上身，我把腿交叉成X形，努力把尿意憋住。終於輪到我了，一把作業放在老師桌上，尿意的攻擊更加強烈，但當年臉皮超薄的我，不好意思跟老師說我想先去尿尿。

老師幫我檢查，提醒哪裡有錯，我假裝在聽，意志力都在跟膀胱對抗，偏偏那天作業量太多，老師看了好久，我終於憋不住，就在老師的桌子旁邊尿了出來。一大泡黃澄澄的尿，從我的褲管、襪子、鞋子慢慢滲到地上，在我周圍形成一個小水窪。我臉上依舊淡定，假裝什麼事都沒發生，跟老師說完謝謝後拿起作業，踩著濕透的雙腳逃出教室。

老師立刻發現，在我臨出教室前，身後傳來一句：「哇，這誰弄的啊？」我頭也不回遠遠逃離，直奔廁所，埋在裡面把浸滿尿液的褲子、鞋子全脫掉，瘋狂抽衛生紙想把他們吸乾，想著我大概一輩子跨不出這間廁所了。

幾分鐘後聽到老師在外面敲門：「彥菁，妳在裡面嗎？」我搓揉著雙手小聲回：「嗯。」「我請媽媽帶乾淨衣服來給妳囉，她等一下就來了。」老師沒有多說什麼，甚至連尿褲子三個字都沒講出來。沒過多久媽媽來了，帶了一套連身褲，那陣子她因為車禍手骨折，左手還打著石膏，我狼狽不堪地換上衣服，媽媽後來常提起這段笑料。

幾年前，我最後一次在柬埔寨帶志工團時，丟失了一千兩百元美金。

作為領隊，我們要保管一大筆團費，通常我會鎖在行李箱裡，但因為在那個社區服務已久，又是住在寄宿家庭裡，我鬆懈了，沒有每天將行李鎖上。一天早上要檢查時，發現百元、五十元大鈔都不見了，只剩少許的零鈔。

不敢相信最害怕的事真的發生了，我把整個行李箱倒出來找了三次，錢不見的事實擺在眼前，讓我全身無力，只好出去告知當地領隊與寄宿家庭，每個人都不可置信，跑到房間幫我翻找。

「要回報給辦公室嗎？還是自己默默想辦法補錢回來就好？」「我不想讓

同事知道我出了這麼大的失誤，太丟臉了！」內心最大的交戰是必須承認自己的錯誤，隱瞞起來假裝沒事多好，但後來想想還是必須回報，這種事是瞞不了的。老闆沒有責怪，趕緊協調當地組織調錢，讓接下來團隊行程可以順利，等我回臺灣後再補還款項。大家都非常幫忙，下午立刻收到救援金。

失魂一整天後，夜晚看見寄宿家庭的媽媽燒香，她說在幫我祈禱遺失的錢快回來，她很自責，這件事不該發生在她家裡。阿嬤也一直餵我點心，用食物給我鼓勵打氣，叫我不要把事情放在心上，「好事情會開始發生的！」我聽了馬上跑去黑暗中偷哭，造成她們麻煩，又讓她們這麼擔心，當我在柬埔寨遇上最糟的事，這樣的時刻也依然有她們守候。

到底是誰拿走了錢，至今仍是個謎，希望他是真的有急需才這樣做，也希望這筆錢有幫到他。最後我只能這樣安慰自己。

## 犯錯是一種勇氣

另一次到柬埔寨出隊時，有天晚上陪團員彩排教案，一位團員非常緊張，內容是她不熟悉的大氣科學，又要以英文教學，大家發現她的教具某部分畫錯了，讓原本壓力就很大的她，當場潰堤。

我看見在角落哭泣的她，很是心疼，因為不是自己熟悉的內容，她都是用背的方式把稿子記起來，前幾天還看見她在默寫稿子。我想到自己也是這樣害怕犯錯，而當我犯錯時，我期待怎樣被對待呢？我希望被接納，被原諒，被指引，被給予新的機會。

我走近那位團員跟她說：「沒關係，這就是試教的意義，提早發現可以改正的地方，大家一起幫忙。」當下團員們自動自發，馬上形成一條生產線，幫忙改教具、學習單，彼此互相協助。

每次看見柬埔寨當地的孩子，他們常常聽不懂老師教什麼，舉手答題都是錯的；走路常常跌倒，甚至有時候連鞋子都穿反了，可是很少見他們自責，總是傻傻笑笑地又繼續玩了。一切都沒什麼大不了，拍拍灰塵又可以再繼續，我好羨慕這樣的單純。

我們的家庭、學校、社會教育，很少對於錯誤寬容。特別是我這種擅長讀書考試的孩子，對於「零錯誤」的偏執追求，早已從考卷變成鞭策自己人生的嚴厲藤鞭，把自己打入絕境。通常這樣的人，也會對他人的錯誤緊抓不放，使得整個社會要求人要聖潔，發生一點錯誤就永劫不復。害怕犯錯，就會在每個發現失誤的當下，想著該怎麼說謊逃避，或是搶先重重譴責自己，來防止他人對我的責難，無法坦然面對。

那天晚上我和家庭治療老師聊起害怕犯錯的心情，她傳了一段話給我，叫我要常常唸給自己聽：「犯錯沒關係，就算犯錯你也是很可愛的，不必為了要讓我愛你、陪你，就強迫自己把事情做得盡善盡美。」

我在螢幕前唸著，感到一陣釋然與安慰。犯錯沒關係，你還是可愛的。多麼寬容的一句話，彷彿創造了一個宇宙把我們都接納。

也許不犯錯是一種能力，但不怕犯錯，更是一種勇氣。這一句話，常常拿出來提醒自己，也記得對別人說：「犯錯沒關係，你還是可愛的。」

我們都是可愛的。

# 好孩子後遺症

中秋節回老家，順道整理小時候的房間。牆上貼滿學生時期的獎狀——月考前三名、國語文競賽、班級模範生、科展入圍，我一張張撕下投進回收箱。曾經視為珍貴的存在，對於三十歲的我，一點留戀的價值也沒有；反倒是抽屜裡朋友寫的書信卡片，一張張收好珍藏，提醒媽媽這些不可以丟。

從小我就善於讀書考試，是師長們眼中的好學生，成績不是第一就是第二。小學畢業前最後一次月考，我故意不看書想試試會怎樣，沒想到五科都是滿分，真的是沒讀書卻考滿分的討厭傢伙。

學生時期的生態，成績決定一切，你功課好，自然也容易當上班長、風紀股長，掌握代管同學的權力。

午休時間不用睡覺，專門在講臺上抓人，誰抬頭聊天動來動去，就在黑板上畫他記號。升上高年級還可以當糾察隊，權力範圍擴大到全校，手上戴著紅色臂章，走路瞬間有風，踐踏草坪、走廊奔跑，抓越多越滿足，明明不用管業績。

紅色記號是榮譽象徵，在純白制服上虎虎生風，除了糾察隊臂章，模範生也會領到一小條紅色緞帶，讓你繡在學號處，證明模範身分。我每年收集一條，閃亮亮地在胸口招搖，看，我是模範生喔！看，我很優秀！

功課不好的同學在我眼裡，是無法理解的存在。這麼簡單的算式為什麼不會？你上課沒在聽都在幹嘛？你抽屜為什麼都是漫畫？有次被一位喜歡打電動的同學說：「我覺得妳可以打打遊戲，增加想像力。」我心裡一笑，想說你這個壞學生憑什麼給我建議。優越感讓我踩上雲端，在拿手的規則裡游刃有餘。

## 和老師不同國

到了小六，班上的氛圍開始有點不同，孩子漸漸長出意識，想反抗老師的管教，誰聽老師的就是跟他們不同國。不想被同學排擠，我選擇友情那一邊，跟著說起老師壞話，反正她不會知道。

畢業前夕，同學對老師的厭惡升到最高點，說要來整整她，不知從哪裡弄來一包瀉藥，趁她不注意偷偷倒進水杯，然後大家一起默不作聲，看著她喝下去，等待發作。不知道是不是買成維他命C，還是老師身強體壯，竟一點異狀也沒有。我從頭到尾知情，身為班長，卻什麼都沒有跟老師說，和平時一樣幫老師搬作業簿。

一直到畢業那天，我都是踩在兩邊討好的線上。老師準備了小禮物發給大家，特別給我一支漂亮手錶，毛茸茸的豹紋圖案、絢爛的金屬邊框，對一個小學生來說是貴重禮物。我領完回座，立刻轉身用氣音跟大家說：「欸，這也太醜了吧！」笑著嘲諷老師的品味。

一轉頭，發現老師的目光盯著這裡，不可思議地瞪大眼睛，我以為我講得很小聲，但她的表情絕對是聽見了，發現我不是她想像中的好學生，發現我在她背後說壞話，發現我的虛偽討好，發現我是雙面人。

我什麼也不敢說，低頭假裝沒事，卻感覺腳下的地板在龜裂，好不容易堆疊起來的形象墜毀，就在畢業的最後一刻，失去老師對我的好印象。

她其實是啟發我寫作之路的人，小六時她找我寫讀書心得，拿了一本《奶奶與我》給我，從來不喜歡閱讀的我，意外被觸動，想起小時候被阿嬤帶大的回憶，發現文字穿越時空連結人心的神奇力量。她稱讚我寫的心得，幫我拿去投稿比賽，順利得獎，讓我有了成就感與信心。

我沒有再見過老師，不敢想像自己在她心中的評價，希望她還是願意把那條模範生緞帶頒給我。

## 給好學生的警告

上了國中，進入管教嚴謹的教會學校，教官和修女每天早上在門口監視，一絲衣角都不能露出，窒息又壓迫。但我的好學生保護罩依然有效，管教是給其他同學的，之於我通常相安無事。

一日體育課，我經期來潮不能下水，老師囑咐沒有游的人要乖乖待在看臺上。坐了二十分鐘，心生無聊，看老師好像不在，跟其他同學跑下池畔，與泳池同學聊天打鬧，正開心的時候，聽到遠方傳來一句：「你們在做什麼！」老師怒瞪著我們，走過來說：「回去一人一支警告。」

我瞬間腦袋空白，雙腳無力，彷彿被貶入地獄，一個模範生被劃上一支警告，一個大污點蓋過人生，我以後的日子不就毀了？升上高中這支警告還會一直跟著我吧，到大學還會嗎？從此我就是品行有疑慮的人嗎？

放學後我在校門口一直哭著，幾位同學在旁安慰，媽媽來接我時嚇到，緊張地問我怎麼了？我口齒不清地說，體育老師要記我警告啦。媽媽竟然鬆一口氣：「我以為更嚴重，是妳被怎樣了耶，這沒關係啦，老師說說而已。」很多年後我再想起，才明白媽媽以為的「怎樣」是指什麼，也許有女兒的父母都曾這樣擔心。如媽媽所說，老師並沒有真的記警告，但已經嚇掉我半條命，發揮了嚇阻的作用。

長大了很久以後，我才猛然質疑，當年他若要記下警告，到底可以用什麼理由？在泳池玩水？不聽老師的管教？我又真的做了什麼可惡的行為，需要他這樣威脅恐嚇嗎？老師可以這樣濫用權力，恣意管教嗎？

## 如果沒有標準答案

一路以好學生、好女孩姿態長大，好處多過壞處，直到成為社會人之後，我才發現遲來的後遺症。

老闆請我規劃一份志工培訓企劃，我等著他給我方向與期望，像一份考試問卷，我填寫圈叉補空就好，他卻說你自己找資料思考，沒有標準答案。

沒有標準答案？沒有籃框那球要投哪裡？沒有答案那我怎麼拿一百分？我要往哪裡前進？我要怎麼辦？

當時做柬埔寨社區服務，孩子、村民們需要什麼，我們可以提供什麼，志工須具備什麼技能，各單位間如何配合，全都是變因，一個要素抽換，原先規劃的公式就不成立，要時時刻刻變動重來。

好學生沒有了標準答案，就像瞬間失去氧氣，賴以為生的環境不再。好幾次同事在討論什麼服務方案比較好，我都希望老闆直接告訴我們他要哪個就好，我知道沒有標準答案，但就把你的答案當成標準吧，我照做比較輕鬆。

## 乖乖讀書，人生就會順遂美好

後來宇宙也不乖，讓我遇上一個全然相反的對照組——我的男友J。

從小調皮搗怪，不盲從師長教誨的他，曾在某個下雨天，帶著同學們去拔校長室外的植栽，想當作小傘撐回家，校長室外瞬間光禿一片。也曾慫恿朋友在放學時，偷拿訓育老師的大聲公，喊著要同學走相反方向，但孩童的奶音太明顯，一下就被抓包。

其他舉凡把珍珠吐到教室天花板、玩具被沒收隔天再買一個帶去、跟老師嗆聲說他的教導有問題，都是與我完全不同的童年風景。我喜歡聽他說這些，每段回憶都讓我覺得新奇好笑，原來不乖這麼好玩呀，原來不聽話也不會怎樣。

J沒有一路守著讀書升學的路，高中就早早出來打工、創業，雖然年紀比我小了兩歲，但社會歷練卻比我精彩豐富。後來我在職場上遇到問題，他都能以實際的經驗跟我分享，幫忙解析與釐清，比我成熟世故，相較之下，我確實像溫室的花朵。

沈佳宜會喜歡柯景騰的幼稚，小燕子迷戀上于皓的衝撞，都是乖女孩在壞男孩身上看見了自由。我們乖並不是我們天生乖，是我們不敢不乖，不敢跨越規矩的界線，深怕一踩空就摔落。壞女孩的名聲太嚴重了，妳會被糟蹋，然後被嘲笑活該。

長大後才明白那模範生的紅緞帶，象徵榮譽，同時也代表綑綁，緊緊纏住願為它馴服乖順的人。

就像畫在地上的一條紅線，你不要踩出界，在我們劃定的範圍活動，當一個容易操控的孩子，多好。

在一堂寫作課上，關於乖孩子的靈感汩汩而出，我寫下了這首詩：

「孩子
乖
活得像啞巴一樣
活得像課本一樣
活得像狗一樣
活得像機器一樣
活得像我們一樣」

幾乎是不到五分鐘就寫出，老師與同學感到驚艷，我則是看見內心的冷冽，一種遲來的叛逆，或者更像是平反，為曾經被操弄卻不自覺，慍慍憤怒。

從「乖乖讀書，功課好，人生就會順遂美好」的騙局中醒來，有多少人是被威脅利誘給教育大的？在生命原初就習得了順從、噤聲、恐懼，告訴你唯有配合他們的要求，才能活得好。禁錮的教條對好學生、壞學生其實一樣殘忍。

與男友聊起被記過的經驗，我滔滔講了那次泳池的驚魂記，男友接著信手捻來各種警告、小過、大過的輝煌史，甚至長大後找到當年的警告通知單，還能大刺刺貼在冰箱上展示，就像我貼出的獎狀一樣。我介意到入骨的事，他一點也不在乎。

「記過制度就是拿來嚇你們這種好學生的啦，威脅不到我。」男友笑著說。

我在一旁怔住，原來是這樣。當年在校門哭泣的自己，妳還真傻呢。接下來不用乖了沒關係，我願妳不再害怕審視眼光，快樂自在，做輕鬆的自己。

*"Good girls go to heaven. But the bad girls go everywhere."* —— *Meat Loaf*

And I decided to go everywhere.

# 星星貼紙

我曾經當過國際志工協會的領隊，每年寒暑假帶志工到海外社區服務。在做了三年多後，身心都很疲憊，決定離職當自由工作者。

離職後過了三年多，偶爾還是會夢到我在帶團，大概一個月一次。夢裡我突然出現在機場，發現護照沒帶，或是已經出團了，結果行程都沒準備好，匆匆想調電腦裡的資料來看。新冠肺炎疫情的那段時間，我還會在夢裡焦急地想：「完了，忘記提醒大家要戴好口罩，我們怎麼這個時候還在出團？」每次都覺得好焦慮，一片混亂，我怎麼是這樣慌亂、沒準備好的領隊？醒來才發現，好險只是夢，我不再是一個領隊了。

某天晚上又夢到我在帶團，只是這次的情境更激烈，竟然有兩個團員自殺！

他們從我面前跳下樓，粉身碎骨噴血死去，我驚嚇崩潰，心裡想著：「是不是我出團時沒有關照到他們？」「完蛋了，我此生將是一個徹底失敗的領隊。」「回去該怎麼對大家交代？」

醒來後回想，發覺這些內心反應不太對勁，沒有一個是針對事件本身，或是出於對這兩個逝去生命的關懷，都是想著「我自己怎麼面對」、「別人會怎麼看我」而延伸出的無盡恐慌。

夢裡的自我反應，跟現實一樣真實，甚至更清晰，這就是我在那份工作最後做不下去的原因——我已經不太在乎事情本身，而是想用工作的成果來證明自己，所以極力避免在工作上犯錯，也一直硬撐想做出些什麼。

這樣的動機一點都不自由，我已經失去對這件事的愛，只能用其他人的目光與標準來衡量，把自己變成了傀儡般的被動者。

有一陣子，這樣極力討好他人的自卑不斷冒出來，已經把我逼到牆角退無可退，強烈的壓迫與窒息。

像是家人隨口說：「欸！妳又忘記關燈！」我就會立刻跑去關燈，然後緊張地看有什麼事也沒做好，提心吊膽害怕家人責難，像是怕被獵殺的小鹿。做家事的動機是想討好他們，而不是出自我的真心，雖然家人並沒有嚴厲苛責我，但不知道怎麼回事，我把一切看得嚴重。

我努力想要討好每個人，卻始終做不到，因為每個人要的都不一樣，我不可能討好所有人，這樣的壓力更加深了我的焦慮。

## 給自己的星星遊戲

繪本《你很特別》描述一群由工匠伊萊刻出的小木偶，一起住在微美克村，每個木偶看到木質光滑、漆色漂亮，擁有十八般武藝的人，就會在他們身上「貼星星」，表示贊同與欣賞；相反地，遇到木質粗糙又毫無才華的人，他們就會貼上灰色點點。

胖哥就是長相普通又笨拙，身上被貼滿灰色點點的人，這讓他越來越沒自信。

我也是個會一直為自己貼星星的人。比如幫人開門時，我相信這是很棒的一件事，對方一定覺得我是貼心的人，所以我給自己一顆小星星。如果對方有回應謝謝，或是稱讚我的行為，那不得了，就像得到三顆大星星，因為別人的評價比自己的更重要，直接加權計分！

會得到星星，當然也會失去星星，當我發現自己說錯話或做錯事時，我會把身上的星星狠狠撕去。比如忘記幫後面的人撐住門，聽到他在後面嘖了一聲，我就會罵自己：「妳看！妳真的是個自私的人！」撕去星星的速度永遠跟不上累積的速度，甚至每犯一次錯就全部歸零。

做很多事時，我會下意識想著：「這是可以得到星星的好行為。」「做這件事我可以得到很多星星吧！」或是「喔，這是絕對會失去星星的事，一點都不正確。」「原來我之前傷害了這個人，從他那邊累積來的星星都不見了！」

當然，沒有任何人真的在貼星星，星星也不存在，只是我自己創造出的小劇場。可是這遊戲我玩了快三十年，從出生到現在。

我就跟胖哥一樣在意、痛苦，完全被星星控制了，做什麼都不是發自內心深處，而是不知源於哪裡的自我評價與焦慮。

可能來自社會的道德規範，家族的慣性與價值觀。然而真正讓我不自由的，就是我自己。我承接那些規範，渴望得到認同，然後自己設計了這套遊戲，自己玩得勤奮，再自己製造出那些不快樂。

## 讓我們忘記星星

胖哥後來遇到一位叫露西亞的木偶，他的身上竟然沒有半張貼紙，不管是星星或灰點，別人一貼上去，貼紙就會掉下來，露西亞開朗又快樂。

露西亞叫胖哥去找工匠伊萊。胖哥一走進工作室，就被伊萊抱上檯面，他很慌張想解釋自己已經很努力不被貼灰點了，但伊萊卻一點也不在意說：「喔！孩子，你不用在我面前為自己辯護，我不在乎其他人怎麼想。你也不應該在乎，給你金星或灰點的人是誰？他們和你一樣都只是微美克人。胖哥，重要的是我覺得你很特別。」

「只有當你讓貼紙貼到你身上、在乎它時，貼紙才會貼得住，你越相信我的愛，就越不會在乎他們的貼紙了。」

胖哥被工匠的話語撫慰了，我思考著那我自己呢？有沒有掙脫星星地獄的可能？我想到兩個辦法：

**檢視遊戲規則**：我知道自己無法這麼快脫離這場遊戲，也有可能終其一生都這麼玩著，那就改寫規則吧！重新省視那些「可以得到星星」的標準到底是什麼？是來自從小到大各種「要當個好小孩」的教條？或是「要當個善良天使」的道德教化？這當中有哪些是自己真心認同且願意做到的，把他們變成自己的新規則。

**換張不一樣的貼紙**：把星星換成愛心吧！如果星星代表的是「他人的認同」，那愛心代表「自己發自內心的熱愛」。以後做一件事時，要想到的是「這是不是我愛的？我想要的？我願意的？」即使沒有星星貼紙，我也願意去，才是真正的愛。

我開始嘗試這兩個新的運作模式。

有一位學員曾參與我的採訪寫作工作坊，在尋找採訪對象時遇到瓶頸，請我提供協助。我當下的第一個念頭是：「我要幫他！這樣他才會覺得找我幫忙有用，而且我是個好講師！」慣性的思維總是衝得這麼快，有時根本來不及去覺察它。

但是下一刻，我立刻提醒自己改變模式，於是問自己：「幫助他人是我真心認可的行為嗎？」我的回答是，是的，我真心認為給予他人適當的幫助很重要。再下一個問題：「我願意提供給他協助，是因為我想要他的認可，還是我真心想要幫忙？如果他不會因此感謝我，我也覺得沒關係嗎？」是的，我覺得沒關係，我是出自內心想要做這件事。

經過這個小練習後，當下我感覺比以前自由了許多，心裡終於有另一個聲音出現，在做決定時能輕輕點醒自己。

我也運用在其他非常在意的事，像是：「我好害怕在工作上出錯，案主會覺得我很糟糕，所以我特別注意把小細節做好。」自問那些問題後，我發現「其實老闆怎麼看我，我不在意，因為我自己知道即使犯了錯，還是無損於我本質很棒的地方。如果他因此覺得我糟糕，我也尊重他的評斷，那是他的自由。而我自己也真心在乎這些事情的細節，所以想把它做好。」

實驗才剛開始，還在持續進行，可能會是一輩子的練習。期望我能成為這場遊戲的主人，不再是它的俘虜。

你是跟我一樣，會瘋狂玩星星遊戲的朋友嗎？下一次，讓我們忘了星星，來數「心心」吧！

# 討厭喜歡錢

在一場性愛塔羅工作坊裡，我分享了小學六年級時，曾被路上騎機車的阿伯掏出一大疊千元大鈔，問我要不要跟他做愛的可怕往事。這加深了我對中年男子的排拒與厭惡，從此以後走在路上都故意臭著臉。原以為這件事對我產生的陰影大概就是如此，催眠師朋友卻提問：「我在想這件事有沒有可能，讓你也開始對『錢』感到排斥？」

我的確對於金錢沒有太多好感，看過許多人為了錢財變得貪婪、瘋狂，人與人為了利益彼此傷害，讓我覺得錢很邪惡，不該靠太近。

父親在我眼中，就是為了金錢汲汲營營的例子，從股票、房地產到賭博，明明有聰明頭腦與成功事業，最後卻欠下債務，被金錢蠱惑到失去一切。我警惕自己不要跟他一樣，投身公益慈善工作，不投資不買股，也沒有買房買車的規劃，同樣孑然一身，我覺得自己的姿態比他輕盈多了。

不過，成為自由工作者後，沒有每月固定進帳的薪水，我開始感到心慌，深深在意起錢的多寡。存款快見底時，我焦慮不安；稿費入帳時，我開心盯著揚起的數字，還截圖紀念。我根本沒有這麼清高，我需要錢，我喜歡錢，但又討厭喜歡錢的自己。

大概因為到了三十歲，身邊一些自由工作的朋友紛紛談論起「金錢議題」，不是討論如何投資賺錢，而是「我們跟金錢的關係是什麼」？朋友推薦給我一本書，一位中國催眠師分享關於財富的心靈法則。他在多年的催眠諮商中，漸漸了解財富就是一種能量，我們心中的信念會影響它的流動，阻擋或歡迎，都會透過錢財展現。所以錢財不只是錢財，更是我們與物質世界的關係顯現。

「世界上所有金錢都是為生命服務、都是為世界繁榮而流動著。他們深知，金錢是一種能量，無處不在且不會憑空消失。因此，世界從不存在金錢的匱乏，只有人類心靈的匱乏。」

看到這段話，我像是被打醒一樣，發現一直以來我都誤會了金錢。我覺得他就像魔戒一樣，獲得的人都會變得癡狂、失去理智，但事實上，金錢是人類發明出來，並且賦予意義的，本質上它並無魔力，甚至不真的存在，是人類給予了它力量，卻反過頭來被它所操弄。所以金錢的匱乏實際上並不存在，一切是人心問題。

同樣一筆金錢，有人拿來照顧家庭、滋養員工、幫助貧窮；也有人拿來擴張權力、截斷資源、收買人心。錢本身是中性的，過度的貪婪或是排拒金錢，反映的都是一個人的內心。

我的父親一生競逐錢，是因為他心裡破了一個洞。小時候原本家境不錯，他的父親卻因意外過世，母親又因為生了重病，幾乎把家裡的錢都拿去治療，最後還是無力回天。所以父親在他很小的時候，就失去了雙親。

跌落貧困的家境讓他常被同學嘲笑，我想從那個時候開始，他心裡就有了一個無底黑洞，以為拚命賺錢就能補起來，但不知道裡頭缺乏的其實是愛。

父親就像《神隱少女》中的無臉男，因為過於孤單寂寞，偶然發現金錢可以買到一些人的認可，就拚命膨脹自己。事實上，在那個「臺灣錢淹腳目」的時代，股市破萬點，人人都以為金錢是世上最甜美的果實。但愛與關懷、真誠的陪伴、深刻的人際連結，才是每個人打從心底渴望的寶物。

我走上與父親相反的另一個極端，其實也是一種金錢迷思，以為錢是惡魔，是它帶走了人們的理智，害怕被錢操弄的我，同樣有自己的功課要做。

從前在公益組織工作，往往把理想拉得很高，覺得談到錢就是俗氣，有時跟預算資源很多，理念卻不怎麼合得來的單位合作，也會在心裡頭氣老闆為什麼要為了錢妥協？可是確實多了這筆收入，組織在後面的援助專案就可以做得更好，長期來看還是支持了我們的理想，只是當下的選擇讓人容易把金錢與理想放在對立面。

金錢如果有自己的聲音，一定會說：「你們人類好煩呀，在我身上產生這麼多心結，我明明只是一張紙，甚至只是一個概念，你們卻賦予了這麼多的意義與想像。請記得我是一個交易工具，幫助你創造想要的人生，重點與本質都是你們自己！」

作為一個誤會錢這麼久的人，我想要向它道歉。抱歉我把你想得邪惡，把錯都怪在你身上，你一直以來都是無辜的，貪婪躲在你的身後張牙舞爪，想必你也痛苦。從今天開始我會練習不討厭你、不懼怕你，也不依賴你，讓你就只是一個中性的存在。

我會努力寫作與工作，歡迎你和不同形式的愛，作為回報流進我的生命；我也會將你作為感謝他人付出的回饋，交換成我所需要的滋養。謝謝你的流動串起這個世界，串起人類。

# 靈性逃避

許多朋友開始接觸身心靈，都是因為生命發生變化，產生了痛苦，不知如何承受與轉化，於是遁入身心靈的領域，尋求一份平靜。我自己也是這樣。

「遁入」這個動詞真是特別貼切，二十五歲那年經歷失戀的我，就像在兵荒馬亂中，受了重傷、奄奄一息的戰士，急急把自己藏入另一個世界，祈求生命不要再追殺我，也別讓人看見這狼狽模樣。於是躲進到身心靈系統，想治療心口的傷。

當時我幾乎是看見什麼學什麼，人類圖、塔羅、花精、精油、前世今生、家庭治療、心理學，每次在課堂上都感受到滿滿正能量，有溫柔接納的老師、互相理解的同學、撫慰人心的語句、絕對安全的氛圍，和超脫世俗的視角，讓人覺得被救贖、被安慰，重新長出一點勇氣，能夠再次面對世界。

## 可以遵循的生命守則

其中一個學習最深的是人類圖。

剛開始接觸人類圖，讓我覺得這學問真是太新奇了，它號稱「人生使用說明書」，而且整合了西方的占星、卡巴樹、量子物理，以及東方的易經、脈輪等系統，集博大精深於一身，這一定就是我在尋找的，人類該如何活著的終極解答了吧！於是我花了許多時間與經費去上課，每多認識一點，就越被這門學問吸引，也深信我可以因此活出一個喜歡的人生。

比如，當我知道自己的類型是投射者，應該等待被邀請而不是主動出擊，才能被賞識與珍惜時，突然有一種恍然大悟的震撼，原來社會上鼓勵的主動積極，其實並不適合我這樣的人，難怪過去常常有主動提出想法，卻被無情打槍的慘痛經驗，就是因為我沒有依照適合自己的策略去活。

又像是，我的意志力中心是完全空白的，所以容易有打從心底的不自信，對於自我的存在缺乏價值感，常常需要透過一些外在的行動努力，去證明自己值得存在，值得被愛。當我知道自己的不自信原來是天生的，真是鬆了一口氣，原來這心虛的感覺，是與生俱來的特質，完全不能怪我對自己沒自信。

那一陣子心情很愉悅輕快，興奮於找到一個可以遵循的生命守則，就像在汪洋中抓住了一根浮木，覺得只要好好照著人類圖所說的活，我就不會再像以前一樣遇到挫折，開啟更加順遂的人生。

同時，身邊也有許多朋友要我幫他們看圖，每當我幫他們解說，他們都會以一種崇拜的眼神看我，覺得我很厲害，甚至叫我「女巫」或「仙姑」，我彷彿掌握了重要的宇宙祕密，為此沾沾自喜了很久。

## 學習靈性的初心

我繼續遵照人類圖的指引生活，像個苦行者要求自己務必遵守戒律。可是過了大約兩年，我開始漸漸感受到不對勁，發現自己好像被困住了，常常在一件小事上掙扎無比，像是在開會時如果主管沒問，我明明有一個完整的想法，卻因為自己必須「等待被邀請」，就默默把想法吞回。或是在某個場合主動與新朋友說話後，內心開始責怪自己，深怕自己的主動會引發不好的結果。

我甚至開始依賴人類圖，認識一個人時不是先真心認識他，而是觀察他的特質後，在心裡猜他一定是什麼類型，什麼人生角色，然後偷偷幫他貼標籤。或是面對一個新挑戰覺得沒有信心時，我就躲進人類圖裡，安慰自己「反正我本來就是天生沒自信的人啦！」然後放任自己的不自信。

有天晚上，我剛好遇到一位女生請我解她的圖，看到她的圖是只有一條通道的投射者，大多能量中心都是空白時，我默默地驚嘆：「啊！此人一定很慘，有這麼多空白中心，一定常常受外在環境影響！」

開始一一跟她解說：「妳的意志力中心空白，所以妳會很沒有自信；妳的情緒中心空白，妳會很想討好大家，讓大家都快樂；妳的G中心空白，妳很擔心人生沒有方向；妳的薦骨中心空白，所以妳會不知節制地一直工作！」劈里啪啦跟她說了一堆後，我以為她會大嘆我說得真準，然後開始訴苦她過得有多慘。

沒想到她卻笑嘻嘻地回我：「咦？不會啊，我滿喜歡我自己的，而且我每天都過得很快樂，也很享受沒有方向感，感覺處處有驚喜！然後我現在每天時間到就下班了，不會想多做什麼去證明自己，因為我上班就是去賺錢的啊！」

我被眼前這位女孩嚇傻了，她臉上的喜悅都是真的，她是真心活得很快樂！後來她告訴我，自己小時候在經歷父母的離婚時，就開始看九型人格那類認識自我的書籍，因此更瞭解自己，也知道怎麼區分自己跟他人的情緒，所以不會想討好別人，承接他們的情緒，反而活得自在，也不會討厭自己。

我想起自己接觸這些學問，其實要的不過就是像她一樣，活得更快樂，更喜歡自己，而不是更加掙扎，更討厭自己。回家後仔細思考，發現自己在不自覺中，把人生的決定權交了出去，丟給了人類圖。我一直擔心自己學得不夠深入，或是遵守得不夠嚴格，但是忘了自己才是生命真正的主角，反而把責任與希望，都寄託在某個外在的事物，讓一個本來應該幫助我們活得更好的工具，變成另一個「制約」我們的體系，甚至凌駕了生命。

## 從教室到生活

其他身心靈學習也出現類似狀況。每回下課我都充滿信心，覺得身上罩了一層隱形金鐘罩，從此以後，沒有任何事情可以打擊我，使我心情崩潰了。可是，通常沒過多久，我又再度被打回原形，太多日常小事都震盪我的情緒。

比如在家裡，我與弟弟的生活習慣不同，他有一陣子常常念我東西沒收好、燈忘記關，我就會緊張又自責，卻又不甘示弱地罵回去，事後再後悔不已；又比如到了辦公室，當我與同事意見相左，即使我用人類圖觀點安慰自己：「我們是不同的人所以不必在意」，但仍覺得糾結，因為真正的歧異並沒有得到溝通與解決。

我以為一定是我學得不夠多也不夠深，修煉等級太低，心靈才一直得不到平靜，於是繼續瘋狂上課。花了好幾萬，也一直到處打聽同學們接觸過什麼，學什麼更有效？像是到處都醫治不好的病人，打探著有哪位神醫能救得了自己。內心有個無底洞，看見什麼都覺得需要，以為全部抓緊再塞進身體，就能平息恐懼，卻永遠感到空虛、不足。

有一次我與家庭治療老師聊天，坦言自己雖然學了很多，卻仍找不到安定，甚至學越多越混亂，因為每一個系統的說法都不同，我不知道哪一個才正確。結果她告訴我：「不要花太多錢。」

她分享自己的歷程——一開始會踏上家庭治療領域，就是因為發現家庭經驗帶給她很多傷痛，直到她三十多歲仍被過去生命綑綁住。她開始很仔細在生活中覺察，哪些事件她一直放在心上，哪個傷痛她其實過不去，哪些情緒總是操弄她的選擇。她閱讀了很多書籍資料，然後反覆對照自己的經驗，慢慢為複雜的思緒理出線頭，也直接與家人聊那些陰影，為當年的在意找一個出口。

當對自我的覺察越來越清晰，也釐清陰影形成的脈絡，她就像解開了纏身已久的炸彈，不再一被觸碰就瞬間爆炸，反而能藉由每次被觸動的情緒，再更深入地看見自己。而這一切的練習並不能在課堂上完成，只有回到日常生活的每一天，都保持覺醒與思考，才能慢慢生長出智慧，累積力量。

原來，修煉無法一步登天，要透過整個生命歷程來實踐，而最好的修煉場，不是教室，就在生活裡。

## 當個真正的修煉者

於是我發現，自己根本是個偷懶的修煉者，看似上了很多課程，卻沒有真正入心，也從未在生活裡實踐、試驗。

每次上完課我就以為自己已經學會了，以為課程會自動加冕我成為得道之人。事實上，我像上了很多補習班，也買一堆參考書，卻從來沒有回家練習的孩子，只是求得了心安，生命沒有真正改變。

後來有天晚上，弟弟看到我在冰箱裡放了食物忘記吃，和平常一樣生氣大聲唸我，我整個肩膀立刻聳起來，覺得做錯了事，卻又惱羞成怒想罵回去，但是我試著冷靜下來，想著自己想要的其實是溫柔溝通，不是爭誰對誰錯。

不像以往火爆地回應，我努力用平靜的口吻跟弟弟說：「好，謝謝你提醒我，我知道你看到的當下一定會生氣，可是我不是故意這樣，你可以不這麼兇地跟我說，我也會覺得比較舒服。」

弟弟被我的冷靜嚇傻了，又為自己的語氣不好意思，於是小聲地對我說：「對不起。」

那一次的經驗對我是重要的鼓舞，發現自己真的可以透過這樣小小的練習，讓情緒爆發的當下，抓住並掌控自己，朝希望發展的方向行動。生出了一點真誠溝通的能力、解決問題的信心，讓我不再懼怕情緒容易隨著外在事件波動，能穩定回歸內在寧靜。

又有一次，男友因為太晚回家，還遲遲不接電話，讓我等得焦急又生氣，完全無法做自己的事，也沒辦法先睡覺，正當我莫名焦躁時，突然覺察到這股情緒應該不只來自眼前這個事件。我靜靜地坐著感受，忽然覺得想哭，原來這跟我小時候，看到媽媽等爸爸回家的感覺好像，他沒有回來，整個家就無法落定，我感受不到安全與穩定。

那一天我看見內在的自己，曾有這麼深的失落，懂得了應該做的不是把氣都出在男友身上，而是開始揉心裡的痛，好好療癒當年的傷口，因為那份焦急，始終出於自己。

## 放開浮木，享受真正的自由

漸漸明白，學習身心靈的智慧，不能只是躲在課堂裡，感覺療癒和舒適，像個病人一直不敢出院，只有勇敢回到生活裡，做真實的修煉，才能實踐想要的轉變。

後來我讀到馬斯特斯（Robert Augustus Masters）博士的《靈性歧路》，他探討新時代靈修中的「靈性逃避」現象。發現當時的我就是想藉由靈性修練，來逃避處理痛苦的感覺。

因為痛苦太難受，所以我們吞下了「靈性止痛藥」，躲進有光與愛的地方，告訴自己要超然正面，這在許多接觸身心靈或宗教信仰的人身上都容易看到。但不論是課堂、教會、道場，都只能當暫時的避風港，真正的修煉在人間、在日常、在紛擾之中。

靈性學習很重要，不過我們都要時時覺察，是藉由它成長了，還是正在逃避而不自知？

回看那段瘋狂上課的時光，我就像在游過這片海的過程中，已經太累，傷口太多，期待身心靈的課程可以乘載我，帶我不費力地抵達彼岸。不過，不管是哪個宗教或身心靈系統都一樣，世上從來就沒有關於該怎麼活著，最正確的教戰指南。能不被任何系統束縛地活，本身也就是生命最大的自由。

當我們懂得了那樣的自由，也許就能放開緊抓浮木的手，享受著悠遊大海的快活。

## 十年成發

一次聚會，朋友們問：「如果不做你現在的工作，會去做什麼不同的事？」喜愛美食的吃貨A說，也許會成為美食部落客、吃播主；熱愛三鐵的L說她想每天上山下海，到處跑步、露營；我說可能嘗試看看寫劇本、開Podcast節目。最後一位M出乎意料地說：「我其實滿想去跳舞的！」我們全部驚訝轉頭，從不知道她有這個想法。

她找了一支影片給我們看，身材健美有力、皮膚黝黑的美國編舞老師，穿著細跟高跟鞋又蹲又踢，帥氣性感，挑逗撩撥。沒想到平時甜美純淨的M，會想成為那樣子。

剛好認識一位朋友也在學舞，我馬上牽線介紹，幾週後她真的踏進教室，開始跳舞旅程。

M問我要不要一起上課？我一直推託抗拒。不是因為沒學過、沒興趣，而是我曾經挫敗過。

大學時我跳過兩年舞，多數時間看來靜態文青的我，其實滿喜歡跳舞的。高中因為一次班際比賽，意外發現我的肢體協調與舞感還不錯，興起跳舞的念頭，一上大學就報名加入熱舞社，信心滿滿去上課。

沒想到同學們都好強，有人國高中就跳了好多年，已經是老師等級，我再怎麼跳都差強人意，信心全失。對於從小到大成績常常前三名，習慣被關注肯定的我，就像突然掉進了無力黑洞，覺得暴露出的自己好丟臉，想要逃走。於是縱然我真心喜歡，二十歲後再也沒跳過。

只是常常將「我大學時是熱舞社的」掛在嘴上，讓剛認識的朋友感到新奇，希望他去想像那個酷炫厲害的我，不要看見真正的我，其實超級普通。

## 重回舞蹈教室

臨三十歲夏天，在一場家族排列課程上，能穿透人心的老師竟突然跟我說：「妳應該要去跳舞或演戲，妳有著想被看見的渴望耶！」我以為優雅、知性、有氣質的文青包裝藏得很好，不知道哪個「戲胞」不小心流露出來被發現了。原本掙扎很久，但感覺到喜愛跳舞的靈魂蠢蠢欲動，我認真聽取建議，決定再去試試。

重新踏入舞蹈教室，跳一支性感帥氣的舞，久違的第一堂課，在鏡子前看見自己身體的模樣，沒有想像中糟糕，還是能扭有律動，尚未退化成機器人。跟著音樂搖擺舞動，我感覺身體很開心，非常開心，終於能做出不同形狀，伸展各種姿態，不再只是在電腦前僵直了。

重新上路的好心情持續了一陣子，下課前老師找了兩位同學一起錄示範影片，我期待自己被點名卻沒有得到，立刻掉進罵自己的漩渦：「看吧，妳果然不適合跳舞！」「妳真好笑，以為再來一次就會不一樣嗎？」我開始比較自己在班上跳得如何？為什麼沒有獲得老師肯定？

因喜愛而突破的行動，一旦有了比較心加入，馬上變成了痛苦。我沒有自己的評價系統，總是依賴他人的回應，當沒有得到讚美，就自行推定那代表沒有做好。力量漸漸從我身上消散，我是個糟糕的人，我不該去做自己不擅長的事……我又想逃走了。

## 擁抱十九歲的自己

為什麼我會出現這樣的情緒呢？我到底發生了什麼事？我找了閨蜜Z討論，她回應：「妳感覺就是常常想去爭取C位（中間位置），獲得大家的關注跟讚賞。但像我就習慣在團體中默默做事，不會想要站到中間。」

從小不管是因為功課好，常被選為班長，或是因為長得矮，排隊都站在第一位，我的確習慣站在前面、中心，覺得那樣我才是安全的，不會被遺忘、拋棄，剩下自己孤獨一人。

「但我覺得妳很棒的地方是，妳知道以前有過不好的經驗，卻願意再次嘗試，去面對這個不舒服的感受。」Z的溫柔把我包覆，我聽得熱淚盈眶。

當晚睡前回想到，大二時升為學長姐的我們，需要變成家爸家媽，為新進的社員們編舞。從沒有編舞經驗，也完全不知該怎麼做的我，還是在社團朋友的拜託下，硬著頭皮接下了其中一支編舞教學工作。

慌亂焦慮的我，找到了某節目表演的韓流舞蹈，決定就以它為主做些改編。當時我們要給更資深的學長姐驗舞，在大家面前一個人跳，我差點就嚇死在舞臺上。最後學長姊統一講評時說：「我發現有些是改編自韓國舞曲，可能沒什麼原創性，希望大家以後可以多注意這個部分。」我的臉上再也撐不出任何表情。我知道不夠好，但我的能力，就只有這樣，已是極限了，再怎麼努力墊腳，我就是搆不到。

想起這件事，我從床上起身，坐到書桌前拿起筆記本，想寫信安撫當時的自己，告訴她：「親愛的十九歲彥菁，我忘記了當時的妳是這麼年輕，擁有這麼多害怕，也是青春的一部分。妳很可愛，也很努力，妳是很勇敢的一個人。」

## 透過跳舞，拿下漂亮面具

帶著搖搖欲墜的信心學舞一個月後，又去上了一次家排課，當天的案主朋友W想了解她近期頭痛、身體不舒服的原因。她選了我做為她的代表，一開始我感覺到一股厭世悶痛，很想找一個人靠在他身上，或是好好窩在角落不被打擾。當代表疾病的夥伴站到旁邊，我閉上眼睛不想看見他。

就這麼僵持了一陣，老師再請一位「代表某個未知物」的夥伴加入，他慢慢走近，背對著靠在我身上，我瞬間感到一陣放鬆，代表疾病者也不再這麼緊張，輕輕跟我們靠在一起。

排列結束後，老師要大家分享自己的心情，多數人都回應：「我覺得很感動，W跟她的疾病好像達到了一種和解，能夠靠近彼此。」此時卻有一位男性夥伴說：「我剛剛一度覺得這個空間靜止了，好像正在發生的事跟我無關，我可以走動去做自己的事了。」

正當大家都不理解他的意思，老師立刻接著說：「我們剛剛都被W帶著走了，她不想被你們看見真實的樣子，所以潛意識中主導了這個排列場，導向她希望你們看到的。」

所有人都不明白老師在說什麼，睜大眼睛想釐清狀況，她繼續解釋：「我們會為了保護內在那個脆弱的自己，發展出一個人格面具，那是美好的、理想中的樣子，就像舞臺上漂亮華麗的演員，但當某些事讓我們露出脆弱原型，害怕被發現私底下竟然這麼沒用，我們就會一再逃走，並戴上更多面具，隱藏掉真實的自己。」

當情況在我們掌控中，面具戴得很好，我們就感到安心；但萬一面具搖搖欲墜，我們就會感到虛弱無力，迷失了真實的自己，因為我們過度認同了那個理想化的樣子，忘記了一直都存在的脆弱一面。

當下我忽然理解，我在跳舞時其實就像這樣，沒有了乖女孩、模範生、作家這些習慣被稱讚的漂亮面具，頓時露出的黑暗面，比如愛比較、好面子、沒能力，讓我措手不及，所以才會覺得赤裸裸地想逃。

我常因為害怕受傷，就不敢拚全力投入一件事，總想輕輕地用三分力就好，如果用盡十分力還是沒做好，我對自己的信心就會崩潰瓦解，寧願每次都安慰自己：「只是還沒用盡全力才會表現不好，沒關係的！」這件事呈現在我的舞蹈上，退縮、緊繃，不敢伸展全部的身體，無法把全部的情感都放進去，讓帥氣的、調皮的、性感的、悲傷的每個自己被看見，自然就難以享受其中。

想起大學時，我偷偷嫉妒跳得好的同學：「反正他就是起步比較早啊！」「她只是比較敢扭而已吧！」用一些酸言酸語安慰自己，看似攻擊的姿態，其實目的是為了自我保護，不讓信心摔得太重。

我舉手分享這份領悟，陸續有其他人共鳴回應：「我也會怕在眾人面前出糗。」「我怕大家知道我在家就是一個廢物。」「我不敢讓其他人知道我對工作已經失去熱情了。」各種躲在黑暗擔憂的孩子瞬間冒出頭，好像獲得了赦免與救贖，不再怕不符合標準，而需要把自己藏起來，壓進心底。

W也終於釋放出來：「其實我剛剛超不爽老師把我戳破的，好像《歌劇魅影》的水底舞臺被升上來了，我就是很害怕不被喜歡，不被疼愛啊。」大家一湧而上，一個個抱住哭成淚人兒的她，同時也抱住了我們自己。

## 重新舞蹈而找到的禮物

這就是榮格說的「人格面具」，在與社會互動的經驗下，我們逐步知道哪些行為受歡迎，哪些特質是不被鼓勵的。於是我們漸漸發展出一個個面具，在不同場合戴上，並把不適宜的嫉妒、膽小、憤怒、自私壓進黑暗中，成為陰影。

逃離陰影，其實也就遠離了自己，一個完整的人必須是光明黑暗並存；不願面對自我黑暗，拚了命隱藏的人，反而日日被陰影控制，內心惶惶不安。

於是這次的跳舞不再只是跳舞，更是一種跨越恐懼的自我療癒，我要的不是C位，而是自己能放手一搏，盡最大力量去嘗試，並且完全享受其中。

最後幾堂課，我更專注在自己的狀態，第一次感受到全力投入、把真實的情感做出來，不害臊地耍酷耍性感，這些都是我內在擁有的面向，他們都想被看見。神奇的是，後來竟然就被老師稱讚了：「Amazing很好喔！」

幾週後迎來舞蹈成果發表，好久沒有為了一個表演，找服裝、買飾品、做頭髮，發現過程中的一切體驗，比跳舞還要多好多，像是請媽媽幫忙塗指甲、朋友幫忙化出超好看的妝、綁了一個帥氣的辮子頭，還有無數個與自我內心的深刻對話。這些都是因為「重新跳舞」這個決定，延伸出的珍貴禮物。

成發那晚，睽違十年的舞臺，已經不再只是跳舞，更是一種自我承諾：「我在人生裡不會再逃避，我想用真實的自己，去迎接所有。」現在的身體可能沒有二十歲敏捷耐操，可是心靈卻是強大了數百倍。

兩位總是全力支持的閨蜜到場打氣，還有一位特別嘉賓也來了——就是二十歲的我。我聽到她跟我說：「妳做得很好，做得非常好，謝謝妳長成了勇敢的樣子，走回來面對這一題。」三十歲的我沒有辜負二十歲的我，她完成了她。

我彷彿看見那個女孩對著臺上，比了一個大大的讚。

## #後記1：

下了臺跟老師、朋友聊天，老師說：「Amazing 很棒耶，都記得拍子和每個人的走位，彩排時幫了我很多，是很讚的小助教！」什麼？我在老師眼中有這麼好嗎？我竟然有這些優點嗎？受寵若驚的女子暗自竊喜。

老師開玩笑問朋友：「她有沒有跟你們抱怨上課太累，我太兇？」我和朋友們對看了一眼說：「有很多複雜的心情沒錯，但妳教得很好，完全沒問題。現在一言難盡呀，我再寫在我的下一本書裡好了！」

「是喔，那不管怎樣，先抱一個！」老師溫暖療癒的擁抱把我抱緊緊，眼眶一秒就泛紅了。跳個舞也能這麼戲劇化。

後來在臉書上分享了心情，老師看到後留言：「妳好可愛，再抱一個！真的是當妳敢，也願意被看到的時候，就會被看到。」

我一直等著老師看見我，把我排在C位，那就表示我的才能被認可了，可是原來氣勢並不是誰給的，是要自己給自己的。

「在跳舞的妳展露出很少在妳臉上看到的堅毅神情耶！也喜歡這樣的菁菁！」「跟我認識的菁菁不一樣！但意外地喜歡每個力度與精準的表情！」朋

友們在影片下面熱切回應。

嗯，氣勢一百分，我有做到喔！

## #後記2：

舞蹈課上，有一位同學蓉蓉的拍子與動作比較慢，我以為只是因為她不熟悉，暗自開心至少我不是跳最爛的。

當晚下了課，我看見她拿著一根枴杖邊敲邊走，才知道原來她有視力障礙，只能看見一公尺以內的範圍。我立刻感到一陣羞愧，覺得自己好糟糕，為了自我安全感而評斷他人，把別人比下去後就感到安心，但不知道每個人都在掙扎、努力著什麼。

後來每一堂下課，她都會一個人留下來請老師幫她複習，老師做出舞蹈動作，她再用摸的去辨識，確認每個動作的樣子是什麼，然後把舞步都打成筆記，在群組裡分享給大家。

某次我跟蓉蓉提早到教室，她拿著手機滑開筆記，用盲人模式讓手機幫她念出舞步，一邊在腦海記憶。語音的速度快到我一個字都不懂，她卻說她早已習慣，平時都是這樣聽的。

我問她為什麼來上課？「我的視力狀況會隨著年紀增長越來越糟，有天會退化到全盲，想趁著還看得到時，盡量做不一樣的嘗試。」我再次為自己感到羞愧，她的心智比我健康勇敢多了。

課程進度走到一半，有天她突然在群組跟大家說要退出：「我對自己的狀態有誤判，參加團體課是有可能發生危險，撞到同學的，我比較適合一對一教學，謝謝大家的包容，很開心認識大家！」

我想著她如果只帶著挫敗的心情離開，也許以後都不敢再嘗試了，就像當年的我，於是趕緊私訊：「這次在課堂上跟妳一起學習，給我很大的鼓舞。我在十年前曾短暫跳過舞，不過總覺得自己跳不好，後來就放棄了。」「這次重新開始，心裡也不斷糾結，覺得自己還是跳不好。但上次提早到教室，發現妳用聽的在複習舞步，深深震撼我，看到妳用自己的方式努力著，我真的覺得很感動。也許這已經是妳的日常，不過，那個跨越障礙的精神，還是給了我很大的力量，所以想跟妳說聲感謝！」

沒多久收到她的溫暖回應：「謝謝妳願意把這些告訴我，真的感謝人家願意開放自己，給我一次機會。彥菁妳也一定會越跳越好的，我會為妳禱告！」

後來老師說，也許是她在跟蓉蓉討論上課狀態時，用詞上的疏忽使她不舒服，才突然決定離開。但老師與同學持續地溝通鼓勵，讓她隔週又準時出現在課堂上了。每個人的難處與挑戰都不同，無從比較，如果能互相打氣取代競爭，讓我們成為支持彼此的力量，多好。

## #後記3：

在Youtube找到自己十年前跳舞成發的影片。其實不難找，輸入關鍵字就可以看到，只是以前一直不敢去看，想假裝那段日子不存在。

好像看鬼片那樣遮住自己的雙眼，想看又不敢看，我把自己的手指扳開，直視了那時候的自己。

銀白色閃亮背心、黑色短褲、漆皮亮面legging、蘋果頭配大波浪捲髮，還有濃密的豔妝，跳著Lady Gaga的〈Telephone〉。隨著音樂的重音頓點，動作靈巧有勁，其實跳得還不錯，二十歲的身體很會扭啊！

原來沒有自己想像的糟糕。

「啊啊啊！曾彥菁！曾彥菁！」發現另一個版本，是大學最好的朋友C錄的，她一邊錄一邊尖叫，吶喊聲全程沒有停過：「阿菁怎麼那麼棒啦！」「啊～好好看喔！」我一直被熱切支持著。

另一支大二的成發，當時其他社團、國高中時的朋友都來了，快要二十人的應援團。因為表演時燈光昏暗，舞者們的造型太相似，他們在影片裡一直問：「欸，阿菁在哪裡？是哪一個？」「應該是在動的那一個。」但臺上的每個人都在動呀！

「喔喔找到了，左邊數來第二個，頭髮很fashion！」「她們每個髮型都一樣吧？」我笑到流淚，這些人實在太可愛啦，怎麼我當年都沒有發現？

一直執著於自己表現得好不好，卻忽略了其他無比珍貴、有趣的時刻。終於在打開這個深鎖的鐵盒，拿掉第一層恐懼後，看見了底下蘊藏的滿滿寶物。

我終於看見了。

## 狗狗病

遇見真愛是一個進程，如果能第一次就碰上，是一種幸運，但大多數的真愛，都需要時間淬煉。我與襪子的相遇也是。

襪子不是那個襪子，牠是一隻紅貴賓。

不知道為什麼，我從小就怕狗，覺得牠們是不受控的野獸，每分每秒都在爆衝，尖銳的牙齒令人懼怕，只要距離十公尺內有狗出沒，遠遠地，我就會警鈴大作，趕緊躲到家人身後，或是想盡辦法繞路閃離。

國小放學跟同學一起走路回家，那時路上還有許多流浪狗，平時把自己控制得淡定、冷靜沉穩的我，一看到有狗靠近就會立刻失控，瘋狂抓著朋友的書包尖叫，求他們快把狗趕走。偏偏有幾位朋友很喜歡狗，跑去跟牠們玩，那場面總讓我精神崩潰，哀求他快點跟我一起回家。

我總是跟大家說，怕狗是因為小時候被牠們追過，留下了陰影，我自己也這麼相信著，但是仔細想想，根本沒有這樣的記憶，也許從來沒發生過，應該是人會為了合理化自己的行為，想像出一個故事與原因吧。

這樣歇斯底里的恐懼，到了大學開始漸有改善。我讀的學校，養了非常多隻校狗，在餐廳總會遇到牠們，一開始我也想辦法閃避，但實在太容易遇到，想躲也躲不掉，就慢慢試著不去理會牠們，保持鎮定。漸漸發現，我可以接受牠們待在我的腳邊，只要不暴衝、不吠叫，這樣的距離是可以的，雖然還是不敢觸摸，但四年下來，我已能與牠們共處一室，狗狗病出現好轉契機。

## 遇見我的真命天狗

不知道是不是看不下去我的狗狗病，頑皮的宇宙後來竟然讓我遇上了，極度愛狗的男友J。

J的父親是獸醫，一家人非常喜歡狗，最高紀錄曾經一次養了七隻。我確定宇宙是故意在整我。

第一次去到J的家，我很緊張，不是怕見他父母，而是因為家裡養了兩隻狗。果然，當我們一拉開鐵門，連腳都還沒踏進去，就聽見狂放不已的狗叫聲，熱情爆炸的兩隻小朋友衝出來，一直朝著我們狂跳，我被嚇到了，躲在男友身後叫他救我，他一把抱起牠們，我從後面探頭看，毛茸茸的傢伙長得挺可愛，但不能再文靜一點嗎？

兩位小朋友都是紅貴賓，比較大的叫瑪莎，已經十二歲了，小的叫襪子，是瑪莎的孫女，那年七歲，因為出生時腳掌白白而得名。也許因為襪子和我一樣體態嬌小，特別投緣，後來的日子，我與小傢伙竟建立了意想不到的情感。

剛開始我還是怕襪子怕得要死，但牠一點都不怕我，每次都巴著我的小腿抓抓抓，要我抱牠，男友會先把牠安撫好後，把安定下來的牠放到我手中，真是好軟好好摸呀，就像抱著一個玩偶在胸口，只是這個玩偶有血有肉，還有點吵。

漸漸地，我開始試著主動蹲下摸牠，也發現其實只要摸摸牠，牠就會鎮定下來，像一個孩子完全信賴著你。

直到某一天，我竟然可以自己抱起牠了，靜靜地搖著襪子，像抱一個嬰兒擁在懷裡，小心臟從激動的咚咚咚慢慢緩和下來，依偎在我身上。那是我與狗狗史無前例的超近距離，那一刻我很安心，好溫暖，有一種深深被愛的安全感，我想襪子也感覺到了。

當牠放心把自己的小身體賴在我身上，我便明瞭了信任的重量，就是這樣的三公斤，滿滿的，踏實的，其他事物再難給出這樣的體驗。

後來每次去J家，我便最期待見到襪子，牠是我的真命天狗，不畏艱難突破了我的心防，用單純直接的行動就把我征服，整個人脫胎換骨，成為了名符其實的狗奴。我的手機再也沒有我或男友的照片，滿滿的一片襪子牆，牠隨便一個倒臥地上，露出腳掌和白毛，我就會融化在一旁，拿出手機狂拍。

晚上襪子與我們同睡，我總擔心嬌小無比的牠，不小心就會被我們一個翻身壓死了，睡一睡就要起來檢查小傢伙的呼吸心跳健在，後來發現牠其實靈敏得很，一個大腳壓過來，牠就能立刻掙脫逃出，像一個吉普賽人，在月光中尋找下個營地。

到了早上，襪子的小腳掌爬到我們身上，把夢境通通踩碎，然後一屁股坐在我們頭上，用最熱辣辣的方式叫我們起床。這招通常超有效率，每次都是一秒驚醒。

小襪子越肆無忌憚，我越愛牠，牠為我打破了許多框架邊界，原來地板、沙發上緣都是可以用來躺臥的，不一定要一個屁股一張椅子；牠讓我體驗到純粹直接的愛，不需要猜對方心情，不用賭氣獲得注意，你愛我，我愛你，隨手抱起來就對了；牠也讓我明白，愛是能超越物種，連結彼此的，你的吠叫我不懂，我說的話你也不能回應，但我還是一直對牠說：「襪子，我好愛你喔！」

## 多喜歡一個東西，就能讓生命變寬廣

襪子功德無量，治癒了我的狗狗病，還讓我開始關注流浪動物、寵物產業等議題，我的世界突然變很大，就像打電動開地圖一樣，一個陌生廣大的領域為我開啟，好奇研究的事物變得更多。臉書與IG只要有可愛狗照就能滑一下午，遇見同樣愛狗的新朋友，狗狗經一打開就能聊不停。我甚至還去上了小動物按摩課，學習瑞典式、推拿式手技，心甘情願為襪子的幸福服務。

與狗兒們相愛的三年後，老狗瑪莎先過世了，得年十五歲，男友家人很鎮定，他們已經送別過許多隻狗狗，對我卻是第一次。我雖然嚴重偏愛襪子，但還是偷哭了好幾回，在心底跟瑪莎說：「去天上換一個年輕健康的身體，再回來找我們喔！」難以想像如果襪子走的那一天，我會如何難受。

偶然在網路上發現「寵物禮儀師」的培訓課程，我竟興起去上課的念頭，也許是想讓自己提前準備好，有一天也能陪伴失去寶貝的人們。雖然還沒真的去上課，但回過頭一望，對襪子的愛已讓我成為了一個全然不同的人，走了好遠好遠，只因為同一個原點。愛的力量讓我臣服讚嘆。

某天下午友人來訪，平時被我這個大藥頭瘋狂餵食襪子萌照的他們，一看見襪子就激動不已，一把抱起，我們一起帶著狗狗出去散步。

漁人碼頭，落日餘暉，情人橋上慢慢散步的人群與狗兒，臘腸、柴犬、柯基，簡直狗奴天堂，我一路上偷偷跟每個小朋友打招呼：「哈囉小寶，你好嗎！」

牽著襪子，與男友和好友漫步河邊，平時總懶得多走一步的我，被牠們牽著橫跨了一座橋，心甘情願就這樣一直走下去。

突然之間想起從前那個怕狗的我，走在路上遇到都會極力避開，瑟縮到一角，完全不敢前進，路變得好小好小；現在卻是開心看到牠們，前行的路完全沒有被恐懼遮蔽，反而寬敞得很，這就是自由的感覺！

原來只要多喜歡一個東西，生命就變得寬廣；懼怕一樣事物，生命就狹窄畏縮。努力克服心中的懼怕，發現世界美好，就能讓生命不斷朝向安然自在的境界前進。

回到與襪子初識的那一晚，帶著緊張心情踏進家門的我，原以為自己要掉進狗狗地獄了，卻沒想過那一步，其實走進了天堂，跨越過恐懼後，轉身就會變為祝福。

# PART 3

# 性別練習生，加油！

# 那些不是你的錯

小學六年級的暑假，在前往同學家的路上，不到十分鐘的路途，我抄小巷的捷徑，很快就到了。過一個馬路就要抵達前，一個穿著吊嘎的阿伯騎摩托車經過，三十秒後，他的車又繞回來在我面前停下。

我以為他要問路，正準備聽要問哪裡時，他從口袋掏出一疊千元大鈔，笑咪咪地問：「妹妹，要不要跟我做愛？」瞬間腦袋空白，不敢相信自己聽到什麼，用盡最大努力回了一聲：「不要！」後，快速向前離開，他繼續在後面說：「不要喔？很爽耶！」

以最快速度衝到同學家，卻什麼也不敢說，回家後也沒告訴家人。我想著該不會是因為我穿無袖的衣服，或是氣質太差看起來很像援交妹吧。那陣子電視上熱播的偶像劇《蜜桃女孩》，女主角被陷害，在路上被人問要不要援交，後來同學開始謠傳她是援交妹，經過她時都投以鄙視的眼光。我不想落人同樣的情境，被罵穿著不檢點活該。

從那天起，我走在路上都是臭臉，我要看起來不好惹，我要不引起色慾，我要保護好自己。

身為女性總是習慣這樣，遇到問題先檢討自己，我們一定有某部分做錯了，趕快改正過來，下次才不會又遇到。直到上大學接觸性別議題開闊了意識，才了解性別的結構與影響，知道那個時候我並沒有任何錯，就僅僅是因為，我是一名生理女性。

## 從「羞恥」到「勇氣」

自我檢討或檢視，常常出於「羞恥感」，怕自己的行為思想不符合道德、期待，搶先任何人抓出錯誤並鞭打自己，成為最嚴厲的懲罰者。

經典著作《心靈能量》寫道，內疚與羞恥，是人類能量最低的一種情緒，足以殺死我們自己。作者心理學家暨精神科醫師大衛霍金斯博士，花費二十年時間研究各種情緒的能量頻率，最終發現從一到一千的意識地圖中，依序是羞恥、內疚、冷漠、憂傷、恐懼、慾望、憤怒、驕傲，這些兩百以下的能量有著負面影響；而兩百以上的勇氣、信任、樂觀、寬容、理性、仁愛、平和、喜樂、開悟，則是我們俗稱的正能量。

不難理解為何羞恥是最低的頻率。回想我們感到羞愧的經驗，是不是比憤怒、憂傷更讓人無所適從，無法施力？因為犯錯的人是自己，無從怪罪外界，外面的人罵你，你也跟著羞辱自己，感覺自己不該存在，必須從世上消失。

許多社會文化、宗教規範將性視為禁忌後，性的羞恥感就產生了。它是天生的一種慾望，卻被人為禁止，人們無法真正戒斷根除，就在每一次性慾冒出時夾雜著羞恥感來襲。特別是女性，被期待冰清玉潔，我們必須抵抗天然原始的慾望，「要有羞恥心」。

歷史上，性被視為禁忌其實是很晚近的事。《道德浪女》一書說工業革命後，不再需要這麼多人力從事農業，都市居住空間也有限，為了控制生子數開始推廣禁慾，自慰也被宣稱有害健康並構成罪惡。在極權的政治體系中，禁慾也是一種控制手段，例如納粹在德國興起時，就強調外加「性否定」的道德觀，可以讓人民受到羞恥的控制，從而不再相信自己的是非判斷。

先遠離身體，你就會遠離自己，最後活成一種裂解的狀態。

就像爬階梯或打怪一樣，我們必須將面對性的情緒，從羞恥、內疚，一路穿越冷漠、憂傷、恐懼、慾望、憤怒、驕傲，而提升至兩百以上的能量，關鍵就在於「勇氣」。勇氣是能夠正視並面對的能力，去看見自己對性的羞愧、恐懼、憤怒，想想它們從何而來，對你的影響是什麼，你想改變什麼？

## 借力時間，一點一點把心打開

二〇一八年同性婚姻公投後的幾天，我在捷運站看到一位媽媽帶著兩個小孩，她在娃娃車上掛了一面彩虹旗，以及一條寫著「我是異性戀，我支持婚姻平權」的布條，還有另一條彩虹的悠遊卡帶子掛在孩子身上。

上了捷運後，我發現旁邊另一位年輕女性，也在包包上掛了彩虹旗。我本來是個不喜歡任何裝飾的人，但是那天我想自己應該也要掛上一條，讓這個表態每天都被看見。

如果一列車廂上，跟公投一樣有三分之一的人都綁了彩虹旗，就能讓這個訴求每天發聲，在沒有公投或遊行的日子裡，一樣用力支持性別平權。

那天在西門町結束工作後，我到了紅樓對面的壞男臺北店看看。很久以前就從對面遠遠地看過這間店，也對招牌很有印象，不過，總覺得自己一輩子都不會踏進去，也很怕踏進去會被路人非議，腦袋裡的小監視器真是最稱職的監控者。

那天想進去找彩虹旗，但到了門口卻不敢進門，因為店內一整排的性感內衣跟情趣用品，讓人害羞無比，在門外徘徊好久才敢走入店裡。進去後，帥氣的老闆跟我打招呼，我尷尬地笑著然後張望，他大概也常見到像我這樣初入叢林的小白兔？

我發現架上滿滿都是情趣用品，害羞得不敢直視，也找不到彩虹旗，又開始猶豫要不要問老闆。已經二十八歲的我，卻像回到五歲的孩子，第一次去巷口買牛奶而不敢開口說話。

內心的小劇場翻滾一圈後，還是鼓起勇氣問了老闆有沒有彩虹布條，他馬上說：「喔，那個現在都缺貨，要等兩天後哦。」非常一般的日常買賣對話，只有我這隻小白兔在內心亂撞。

只不過去同志情趣用品店買彩虹布條，就讓我看見了內心洶湧的情緒變化，對於「性愛」的恐懼與尷尬一一現形，讓人不適，很想逃開又不敢直視。

可是我選擇去看見他們，而不是把這些情緒外推，怪罪在那些引發我情緒的事物。我始終知道，恐懼跟焦慮都來自我心裡；去感受恐懼並拆解他，不是為了誰，一切都是為了自己。因為當我有越來越少的恐懼，越來越少的框架，我就能活得越自在，就像主動把心上的地雷跟炸彈都拆下，不用為了要防止他們爆炸而時時膽戰心驚，或去防範阻擋什麼。

想活得自在，並不是去擴張生活的權力，而是要把心打開。借力時間的沉澱，與每一個小日子的推進，一次次練習把心打得更開，去裝下更多與以前習慣不同的東西，容納更多與自己不同的事物，就如同把整個宇宙，都融進我們的靈魂裡。

後來我把這個買彩虹旗的故事寫在臉書上，過了一個月後，突然有位朋友傳來訊息，說要感謝我。他說上次看了這則故事，決定自己也要來這麼做，走到壞男的店門口時，卻被嚇到了，遲疑了好一陣子不敢進去，跟當時的我一樣。

然後他打開了手機，滑開我寫的那篇文章，再讀了一次後，就頭也不回地進去，買回一條彩虹旗，綁在了他的包包上。

「跟妳借了一點勇氣，謝謝！」

我想著在同樣的地方，不同的時間，有無數個人在跨越的關口前擔憂徘徊。要改變還是停留？要突破還是固守？過程都是讓人不舒服，不習慣的，但最終目的都是為了一個更開闊的自己，不對自我的存在感到不自在，也不再用羞恥心驅趕自己。

兩年後在一場性愛塔羅課裡，我分享了小學時被阿伯詢問援交的故事，說我因此對性有些陰影。老師問我：「如果是現在的妳再遇到，妳會怎麼回應？」認真想了各種可能，像是大聲罵回去、用力踹他一下等等，但我發現自己真實的情況，應該還是只能像當年一樣說：「不要！」然後快速離開吧。

另一位優雅大方的朋友分享，她應該會說：「謝謝你的欣賞，但是我沒有興趣。」天啊這是什麼神級回答！從容又自信，不把自己視為被騷擾的受害者，所以不必用力抵抗，而是尊重他人性慾的流動，同時為自己畫出界線。這能量頻率肯定在三百以上了吧！而不管是怎樣的回應方式，最重要的都是不去責怪自己，不被羞恥感拖進晦暗無光的地方。

後來大學母校邀請我回去演講，分享性別議題，我就把題目定為《那些其實不是你的錯》。想對那些因為性、性別、性向而被討厭，或是討厭自我的人說，其實你們都沒有錯，是這些框架太殘酷了。

就像十二歲時穿著無袖背心走在路上的我，一點問題也沒有。

# 女性主義練習生

受邀回母校向學弟妹分享《那些其實不是你的錯：性別開天眼的三堂課》，為了瞭解他們事前設計了問卷，其中一題的題目是：「你為什麼想要來修這堂性別研究？」當中有兩三個人回答：「想交女朋友！」

演講那天我把問卷結果分享給大家，特別指出：「難怪這堂課比起我十年前，多了好多男生來修，是因為想交女友啊！」沒想到這個玩笑卻在事後的演講心得中，被幾位學弟妹認為不夠具有性別意識：「也有可能是女生想交女朋友呀！」我才發現自己的性別盲點，從自身經驗出發，常常忽略了更多可能性。

在接下這場演講前，我很怕自己無法講好，雖然支持性別平權，又在性別媒體寫專欄，但我知道自己離專業的性別研究還差很遠，大多是生活的體驗，那些平凡小事中的發現。

我很少認定自己是「女性主義者」，並不是不認同，而是覺得不一定需要為自己下定義。我支持性別平權，期待社會對不同族群更開放寬容，我知道這就是女性主義所提倡的，所以我是女性主義者沒錯，有沒有這個標籤都無所謂。

相較之下，我覺得自己更像是「性別意識甦醒者」，從大學時意識到女生走夜路有危險，其實就是一種性別問題開始，像是開了天眼一般。從前以為自己沒遇過性別問題，仔細一想，小學時被路邊阿伯問要不要援交、被說女生數學理科不好是正常的、被告誡女生要愛惜自己的身體、覺得白瘦嫩才是美、看著影劇新聞批評搶人老公的小三，竟然全部都是性別議題！

## 女性主義從來不完美

走向女性主義之後，一切的考驗與修煉才正要展開，你的腦袋清楚有哪些束縛，但嘗試掙脫的過程卻充滿掙扎。

我曾想不刮腋毛，覺得憑什麼女生就不該有腋毛，冬天時完全沒問題，到了夏天卻無法自在露出那些毛，仍舊沒有骨氣地刮掉了。我也曾不穿內衣出門，心想只是出門買個便當，應該不會有人特別注意到。好死不死那天就在便當店門口，遇到從前帶團時的志工，我故意繞遠路閃避，還是被他看到對我打了招呼，我帶著尷尬笑容心虛駝背，怕他發現我沒穿內衣。

又或是有一陣子不想與男友進行性行為，男友尊重我的意願沒有強迫，我的內心卻煎熬自責：「這樣他是不是很可憐，沒有辦法得到滿足？」「我是不是一個糟糕的女友？」完全陷落在「男要女給」的性愛迷思裡，用這個標準監測自己。所以我並不是一個完美的女性主義者，事實上破洞百出，腦袋裡有很多僵固的思想，那些累積了三十年的性別慣性，讓我永遠在待修正的路上。

不過，女性主義為何需要完美？拿起性別平權的旗幟，就不容犯錯的空間，否則會被罵「女權自助餐」，這本身就又是一種父權社會、陽剛文化的暴力。仔細想想，不會有人去檢視父權體制是否「完美」，作為反動的女性主義卻被用放大鏡檢視，投以最高的質疑與攻擊，那只說明了一件事：你從頭到尾就是來找碴的，沒有要理解與溝通的意思，那你憑什麼要求我們必須完美？

女性主義一路經過許多修正，不同的路線與聲浪也從未間斷。政治大學新聞系康庭瑜教授曾在Podcast《知識好好玩》中分享，許多西方國家的性別平權者認為，穆斯林文化中的面紗是一種父權，將女性的身體視為必須隱藏的所有物，所以面紗禁令有助於解放女性。但也有許多穆斯林女性認為，面紗是他們的信仰、文化象徵，並沒有被父權控制的感受，也不希望被污名化，即使受過西方高等教育，仍想戴上面紗，捍衛自身文化。當性別平權碰上特定國族文化，女性主義也必須回過頭檢視自己，是否帶著無意識的優越，而忘了尊重不同。

所以女性主義從來不是完美的，它總是在修正，有時會走錯路。我會說我們是「女性主義練習生」，總是在學習的階段，尚未出道，也無需出道。沒有必要成為明星，去承接眾人完美的投射，我們就是凡人，一直意識到問題，大概永遠也改不完，但依舊會持續努力下去，就是這個精神最好的地方。

## 從激怒對方到展開對話

不過不諱言，有人想挑女性主義毛病，我走上女性主義後，也很想找人幹架。

某次和幾位學長約在酒吧，看到一旁臺灣女性和西方男性對飲，學長輕蔑地說：「妳們女生就是喜歡洋屌啦！」如果是以前，我只能默默嘔血，不知怎麼反駁，但剛巧那陣子讀了施舜翔的〈全球慾望城市中的陰性惡魔：當臺灣女人遇上西方男人〉一文，立刻拿出來反嗆：「你們就是看不慣女生追求自己的情慾，而且是臺灣男生覺得比自己更強大的西方男性，所以引發了閹割焦慮。」氣氛一度尷尬緊繃，另一位學長趕緊跳出來緩頰才平息。我是成功嗆回去了，但心裡卻沒有舒爽的感覺。

後來有位美女網紅想出來選立委，一位男性友人在貼文寫到：「娶回家可以，當立委不行。」我的敏感雷達覺得這話語不妥，於是留言：「這個說法是性別歧視吧？」立刻遭到對方反駁，並說：「隨便說人歧視的人，才是歧視吧！」我氣到封鎖他，但還是越想越氣，拿著截圖到處問朋友，這明明就是歧視啊！

過了半天後比較冷靜下來，回過頭去想，我的留言與做法第一時間就把對方貼上標籤，並且把他激怒，殺死了對話空間，變成一場你爭我奪，看誰才對的零合戰爭。如果我用一個比較平靜，而非父權體制受害者的心情看待，應該會很不一樣。

於是再看了一次他的話語，猜想他應該想說，他願意娶網紅回家，但選票不願給她，因為她還不具備這份專業。回想平時與他的相處，沒有感受到輕視與不快。我解除封鎖，私訊與他對話：「我誤會了你的言論，我為我說的歧視道歉。」他傳來長長訊息，說他很高興收到回應，強調他在創業時，受到許多女性的啟發與幫助，認為女性力量是很美好的存在，絕對不會去歧視。「當然我也承認我用的文字和方式，容易造成大家的問題，但初衷只是一個酸的調侃。」

雙方各退一步，或者說，我們都更進一步了，願意打開溝通的可能，釐清彼此話語真正的意思。多了一個盟友，而不是又樹立了一個敵人，那天的心情，舒爽無比。打開性別意識，並不是為了報復，雖然初期肯定會有些怨氣，那很正常。只要時時提醒自己，把苦難拋到其他人身上，並不會真正快樂，一起將這個世代的集體意識提高昇華，我們才會一起幸福。

## 開放選擇，而非將一切推翻

我們都有各種不同的盲點，比如身為異性戀的我，在腦袋的預設值裡常忘記不同的性向。某次在看一部懸疑電影，一位男助理與老闆的老婆有令人起疑的親密關係，大家以為他想藉此上位；但最後揭曉，他與老闆其實是多年的同志伴侶，老闆為避人耳目結婚，助理基於對該女性被蒙蔽的虧欠心態，才對她多有照顧，並非出於愛戀。

因為身為異性戀的我存有盲點，電影成功地把我耍得團團轉。所以如果沒有看見自己不足的地方，就會在非故意的情況下對特定族群造成傷害，形成歧視，也會讓自己錯失很多真實。

這個世代對於性別意識已有大幅度的成長，令人感到希望，不過怎麼拿捏力道，未來要走往哪個方向，還是需要一起學習的事。在那場性別演講結束時，我跟大家說，當天我穿了一件白色蕾絲連身裙，男友故意開玩笑說：「女性主義者可以穿裙子嗎？不是應該要抵抗嗎？」我回他：「女性主義不是不能怎麼樣，而是開放出可能性，只要不造成傷害，你想怎樣都可以，穿得很女生或像男生，都可以！」在回饋心得中，有一位同學反應：「『穿得像女生或男生』這句話不夠具性別意識，好像預設了女生和男生就應該怎麼穿。」

那場演講真的收到很多指教，除了讚嘆他們是這麼有性別敏感度的一代，同時也擔心，太矯枉過正的話會變成糾察隊，讓批判先於理解與溝通。

這則回饋讓我思考許久，發現在提倡性別平權時，不一定是全面推翻。像「女性化穿著」一詞，已是文化語境中大家都能快速理解的概念，無法要求不再使用這個詞，但我們可以去擴充它的意義，或是拓展出「男性化」和「女性化」之外的第N條路，以開放代替殲滅。

如同在職場拚搏、在家裡奮鬥，或是各種戰場上努力的女性，都是同等重要的存在，並不是選擇相夫教子就比較沒志氣。女性主義或性別平權，不是要讓情況都反過來，把一切傳統消滅，而是致力讓每個人擁有選擇的空間，你可以待在習慣的框架中，而當有人想突破時，也享有他的自由。

所以我說，女性主義真的很難，永遠都有好多新的看法與辯證，不會有完美的一天。儘管如此，女性主義練習生會一直學習下去，歡迎大家為我們應援，更歡迎加入練習生的行列！

# 成年後的性愛課

剛滿三十歲後的一個月，和三位友人去了南部小旅行，出發前朋友不忘叮嚀：「要記得帶牌卡喔！」

這個牌卡不是塔羅也不是撲克牌，而是一款聊性談愛的「床遊牌卡」，分成說實話的 Tell Me Cards，和玩實作的 Play Me Cards，就像真心話與大冒險，你可以問對方：「你覺得自己什麼時候最性感？」「你喜歡口交還是被口交？」也可以玩玩：「兩人面對面，一起舔同一根冰棒。」「挑戰純裸抱半小時，不能有任何侵入性動作！」

我們四位不是床友，只是三位異女與一位男同志的摯友。實作卡留在家裡沒帶去，我們玩了「說實話」的部分。

即使都是親密的朋友，面對「你最喜歡什麼性愛姿勢？」「上一次自慰是什麼時候？」這樣的問題，還是赤裸裸地害羞，一邊嬌笑一邊回答。男同志大方分享他的性愛經驗，瞬間拓寬我們的三觀，三位女生驚呼不已，發現自己不過是幼幼班學生，只與交往男友有過一般的體驗。

原來界線的另一頭，探索身體的歡愉、伴侶的多元，性愛的可能還有這麼多。奇妙的是，對於我們三位女生來說，這是認識四年來「第一次」大方談論性愛。朋友笑說：「哎呀，都三十歲了，還有什麼不能聊的？」

反過來想，我們竟然是到了三十歲，才終於能夠開始聊。

## 妳不可以做壞事

身為異性戀七年級女生，關於性的告誡從小就是一個緊箍咒。小五、小六對於性的知識萌生，就聽到有同學傳言：「你知道×××這個暑假被鄰居的高中生上了嗎？所以你看她現在走路腳都合不起來。」

那個被傳言的同學，在班上的人緣不是很好，當年我聽完也是加入「真的假的？好可怕喔，她好髒好淫蕩！」的那一方，絲毫不知道自己正舉起一把火焰弓箭，射向跟我一樣的女孩。以性為攻擊的蕩婦羞辱，從很小的時候就在孩子們之間開始了。

當這邊拿著弓箭到處找該死的蕩婦，男同學們在電腦課上也互傳A片網址：「欸幹，這個奶超大耶！」有次我好奇湊過去看，立刻被回嗆：「女生不准看啦！又不是給妳們看的！」他們彼此互瞄，賊賊地笑，重重把門甩在女孩臉上。

一直到了高中畢業才第一次聽到女生跟我聊性，朋友告訴我：「我跟男友做了，一起去泡溫泉的時候。」當時簡直小宇宙爆發，腦中冒出一堆問題：「那是什麼感覺？會痛嗎？」「你們有用保險套嗎？」「妳還有跟其他人講嗎？」但彆彆扭扭說不出口，只尷尬地說：「是喔，那妳應該是我們班上第一個人！」

回家告訴媽媽這件事，媽媽淡淡回說：「她跟男友做壞事了喔。」從此知道，如果我做了「壞事」，也不可以跟她說。

上大學後交了第一個男友，一次外宿旅館，我拿起抽屜的保險套，好奇想一探真面目，當時也沒有經驗的男友難掩興奮地問：「妳想幹嘛？」我說我只是想看一下而已。第一次摸到保險套，五十元硬幣大小的圈圈，黏黏稠稠，還帶了點淡粉紅色（後來才知道一般都是沒有顏色），「原來保險套是這樣啊。」像是終於遇見傳說中的佛地魔，但發現本人長得像豆豆先生，有什麼可怕的？

回宿舍後跟同樣尚無經驗的室友說：「我們昨天拆了一個保險套。」換另一個女子小宇宙爆發：「真的假的！會不會痛啊？」「怎麼發生的？他把妳撲倒嗎？」聳動標題釣魚成功。

如果男孩的性是火山爆發，洶湧、炙熱、檯面上可公開討論的，那女孩就是暗夜伏流，偶遇石頭就濺出水花，激起了漣漪波動內心，但只能小小的、悶聲的，在底下偷偷流著。

## 我怕自己是有問題的那個人

第一次「壞事」發生在大學時期，我仿照著AV女優的淫聲浪語取悅男友，儘管身體其實不那麼舒服，我還是假裝自己很享受，很愉悅。害怕如果不這麼做，就會破壞氣氛，就不會被愛。

結束後跑到廁所去，陰道流出一絲非常淡的血痕，傳說中的處女膜，讓我再次失望。又一個被誇大成珍貴紅寶石，但看起來就如蚊子血的平淡。

一直到後來的多次性經驗，雙方都是以A片為模仿對象，男伴覺得越快越用力的抽插我會越爽，我以為叫得越大聲越淫蕩他會更興奮，但兩人從來沒有一起討論過：「你真實的感受是什麼？喜歡我怎麼摸你？想要怎樣的性愛？」最終那發射精就代表了成功，意思是：「男生展現了赳赳雄風，女生也證明了自己足夠性感。」

二十五歲時我經歷了一場失戀，朋友在一旁安慰，突然問我：「那你們之間有發生過關係嗎？」我苦笑說當然有，從之前第一個男友就有發生關係了，只是不曾跟她聊過而已。她怯怯地問：「那你們都有順利插入嗎？因為我跟男友試了很多次，每次我都很痛。」

我看見一個憂慮已久的女孩，揣著煩惱無處詢問也無人訴說。我說我懂，當年跟第一個男友發生關係前我們也試了好多次，上網查到底怎麼回事，發現有一種女性先天無法進行性行為，被稱呼為「石女」。

第一次看到這兩個字我也像被石頭重重擊落，以為自己受了詛咒，一輩子無法性愛，一輩子無人要愛。直到成功進入的那一刻，才感到解脫：「太好了，我不是石女！」儘管不是石女，仍然無法敞開享受性愛，這困擾一直在我心裡，成為最難以啟齒與面對的課題。

我怕身材不夠性感，男友拆封的那一刻會失望；我怕叫聲不夠酥麻，無法滿足男伴的自尊；我怕做好避孕仍會出錯，每次經期延遲就提心吊膽；我怕被發現我也會看A片，也會自慰，也有自己的情慾。

## 長大後我們自己學

一路到了二十八歲，一對新婚的朋友說他們想更認識性愛，找了老師在他們家客廳開「成年人的性教育課」，我二話不說立刻報名。朋友很開心，說許多人聽到主題馬上拒絕，我好奇大家是真的不需要，還是沒有意識到自己需要？

課堂上都是三十歲左右的學員，一個個像小學生一樣排排坐，從頭學起性教育，從男女性器官的構造、如何讓對方的身體舒服，一路問到：「如果不喜歡性愛，過著無性生活會不正常嗎？」我在其中，看見大家臉上的表情努力保持鎮定，但內心被一個個回答撼動，睜大眼驚嘆：「原來女生是可以多次高潮疊加上去，不像男生一次就結束了。」「原來真的有『無性戀者』，這也是性愛光譜上的一種樣貌。」

我開始漸漸放下心，發現其實不只是我，有許多人跟我有著一樣的困惑，與纏繞不去的性羞恥感。隱藏壓抑，其實不會讓羞恥感不見，攤開來談，才能讓羞恥變成一種接納。從前大人不敢講、講不清的，長大後我們努力自己來學，怎麼對自己和伴侶溫柔，怎麼撥開一切禁忌猜想，真實認識性。

## 走出被禁錮的深櫃

陸陸續續又上了不同課程，在課堂上與其他女孩聊我們的性幻想、性經驗、性煩惱，有人說想在摩天輪上做愛，有人試過沙灘上的性愛。能夠敞開地談論這些事，即使內心的害羞緊張仍在，但已逐步解開在很小的時候就被關上的封印，離自由又更靠近了一步。

我覺得這個過程，也是一種「出櫃」。因為性的禁錮早已把每個人都鎖進櫃子裡，特別是女性：妳不可以伸頭出來看，妳只要純潔安靜無知，作為一個工具在家孕育生命就好。性連結了生育，而生育的器官獨獨在女性身上，這是一股太強大的力量，害怕的人們必須想辦法規範禁錮，才能感覺自己是安全的。

現代女性漸漸有了意識甦醒，知道我們也可以工作、擁有平等投票權、選擇不婚或不生，但更深層無形的綑綁，蟄伏已久的恐懼與羞恥，我們能不能一起看見並突破？是誰規定女人的性必須藏起來？

如果我們還是不敢承認性、正視性、探索性，那關於自己身體的真相，就永遠只能被他人詮釋。聽他們告訴妳：「女生本來就比較不需要性慾。」「性慾太強的女生都很淫蕩。」「太主動的女生很廉價。」「沒人愛就會變老處女。」

從與親密的朋友聊天開始，啟動出櫃計畫，被隱藏壓抑的生命經驗只要一被訴說，就有機會流動轉變。聊妳們的恐懼、聽過什麼樣的警告、誤會並錯過了什麼、怎麼壓抑了真實的性慾、同儕間如何以性為攻擊武器；妳又是如何開始了第一次、曾有過的困惑、探索的路途與方法、中間的心情與轉折、此刻的感受與體會、未來有什麼渴望與期待。

我很喜歡《陰道獨白》劇作家伊芙恩斯勒（Eve Ensler）說的：「我們不說的一切都將變成祕密，而祕密往往導致羞恥、恐懼和迷思。」

打開陰道的嘴，打開女性的嘴，讓他們照見光。

# 母火與父淚

在我交往過的三位男孩中，我沒看過他們任何人哭泣，加起來超過十年的交往時間，一次也沒有。

我是多愁善感的愛哭鬼，看到感動的電影、想到傷心的事，隨時都能來個十秒鐘掉眼淚。不知道是我的水龍頭太發達，還是他們的開關鎖住了，男孩們與我的情緒如此不同。

剛和J在一起時，家裡剛好發生很多事，我常常崩潰哭泣，讓他不知所措。有次大哭時，他默默跑到我背後，把我的頭髮都撩起來，我問他幹嘛這樣，他說：「網路上說這樣脖子會散熱，就比較不會想哭了。」可愛得讓人哭笑不得。男孩對治眼淚的方法，就是快快把淚腺關掉，拜託不要再哭了。

女孩的眼淚與男孩的不哭，我確定是後天教育來的，我從弟弟身上看見真實例子。弟弟天生有一雙水汪汪大眼，小時候那雙大眼的淚水流不停，幾乎是每天哭，什麼事都可以哭，跌倒、肚子餓、想買玩具、跟我打架。家中長輩總是說：「你是男生耶，怎麼可以一直哭！」

隨著弟弟長大，真的漸漸不再哭了，從國小五六年級後，我再也沒看他哭過，他會笑、會憤怒，大多時候很冷靜，但就是不會在我們面前流淚。我常會想那些眼淚去哪裡了？後來遇到了傷心事，他都怎麼做呢？還是傷心的感受跟眼淚一併關掉了，他不再讓自己去感覺某些東西？

我問過幾位男性友人，他們上一次哭是什麼時候？幾乎都是國小以前的事。那失戀不傷心嗎？「傷心啊，就跟兄弟喝酒講幹話，打電動認識新妹，很快就會過去了啦，哭很丟臉耶！」

如果男孩的哭很丟臉，女孩就是「生氣」很丟臉。國小若在班上生氣，「恰北北、蕭查某、虎霸母」的罵名就會射過來，但好像從沒聽過生氣的男性被罵「恰查哺」？

於是我們慢慢學會，男生不可以哭，女生不可以生氣；男生要勇猛，女生要溫柔，原先的喜怒哀樂被性別框架過濾，淚水成了紅色的鮮血，怒火化為了灰燼還不能有餘溫。

二〇二〇年臺灣上映的兩部片《孤味》和《同學麥納絲》，我覺得放在一起討論很有意思，《孤味》的一眾女性演員，恰好和《同學麥納絲》的男演員群形成強烈對比。《孤味》中的女主角秀英阿嬤，在面對外遇離家數十年的丈夫死訊，壓抑的委屈終於在靈堂前爆發，為這個家已經吞忍讓步這麼久，說什麼她也要站穩「正室」的位置，才能證明她從沒做錯，不放手是對的。《同學麥納絲》裡的一票高中同學，已屆中年，卻個個不如年輕時想像的成功，只能湊在一起打牌講幹話，抱怨生命不公，沒給他們展翅機會，生活裡盡是狗屎。

我們看劇中人物的「苦」，是不是也有部分來自對性別的期待，女性要包容，男性要威武？面對外遇的丈夫妳該原諒放下，發揮女性的陰性特質，可以悲傷找人訴苦，但若憤怒抓姦就太兇狠了；男性生來就該追求事業有成，展現雄性的陽剛面，擁有名車豪宅美人，不然就是魯蛇，可以唬爛發牢騷，但若哭泣就太軟弱。

這兩部片貼近臺灣社會，是許多人行至中年、老年的寫照，之所以會有這麼真實的故事，或許是性別文化仍有著很大的力量，塑造了許多因果。如果秀英阿嬤從一開始就不包容，尊重內心的憤怒與不滿；如果男同學們不遵循陽剛典範，沒成功也自在自得，或許他們人生的苦都能少一點。面對性別框架我們需要「麥納絲」（minus，英文原意為減），慢慢減去枷鎖。

人權領袖莫娜艾塔哈維（Mona Eltahawy）曾在著作《女人與女孩的原罪：以滿口髒話、粗魯行為訴諸憤怒，是女性可以擁有的嗎？》中，提出：「如果教導女孩把情緒爆發，世界將會是什麼樣子？」

她四歲時曾在陽臺上，看到男性對她掏出陰莖猥褻，馬上憤怒地拿著拖鞋想要把他嚇走。但當她十五歲前往聖地朝聖遭遇性侵害，第一時間卻不是充滿憤怒，而是羞愧地淚流滿面。她不解那個憤怒的女孩為何不見了？

「我相信所有女孩都是生來就帶有這一簇憤怒的母火。但在我們長大成為女人的過程中，這簇母火去了哪裡？」

若相信自己有權利不被侵犯、打擾，有權燃燒待我們不公的一切事物，是女性天生擁有的母火；那男性就有「父淚」，有權利表達自己的悲傷、難過，在難受的時候為自己洗滌，讓情緒的河流擁有出口。

母火與父淚，讓我們還給他們盡情燃燒、自在流淌的機會。

# 穿著Prada的惡魔

我是個化妝白癡、穿搭白癡、髮型白癡，在裝扮自我上，是無行為能力者。什麼膚色與粉底的搭配、眼影的粉質、刷具的差別、衣服的材質、剪裁的風格、瀏海的修飾、造型的編髮，對我就像數學題，超級複雜難懂。

我總安慰自己，沒關係，我不靠臉吃飯，我的腦袋比外表迷人多了，只要乾淨素雅，看起來舒服就好。

大學時一些重要活動，像是畢業舞會、跳舞成發、謝師宴，都找彩妝社朋友緊急救援；入社會後到外演講，擦一點底妝與簡單口紅，已經覺得自己很棒，是個人能力的頂點了。

開始在家接案，不再外出上班，每天以舒適輕鬆為最大原則，T恤、棉褲、運動鞋，衣櫃不再更新，頭髮恣意生長。就這麼舒舒服服過了兩年，有一天日子全變了——因為我出書了。

第一個專訪邀約，平臺說會請攝影師拍封面照。前一週跟朋友去印刷廠看書寶誕生時，朋友問想好專訪要穿什麼了嗎？我才驚覺自己完全沒準備，衣櫃裡沒有合適選擇，他們急急幫我上網找參考照：「田馥甄這件鮭魚粉上衣好看，妳可以找找看！」

於是我展開萬里尋鮭，在永康街、師大夜市繞了一圈，最後在 Uniqlo 找到一件V領針織上衣，才安全滑進壘包，自信迎來拍照。

但後續採訪、直播、演講不斷，差點把我逼瘋，總不能一路鮭魚到底吧？我開始思考自己到底適合什麼樣的衣著、妝容、造型，能夠漂亮優雅地接受關注，成為焦點。

剛好另一位作家朋友H也為此苦惱，找了「色彩分析師」幫忙檢測適合的衣服色系，得知世上竟有這種服務，我手刀預約。分析師請我坐在鏡子前，拿了好幾塊色布一一比對，看不同色系反射在我臉上的效果，最後說我適合的是冬天色——如冷冽的冬日空氣般，對比鮮明、濃郁飽滿的冷色調。

從沒有思考過色系的差別，也不曾仔細檢視各種顏色穿上身的效果；我像是獲得了一個篩網，能夠從成千上萬件衣服中，一眼判定是不是適合我的顏色，這個簡單的分類法讓我生出信心！

YouTube也注意到我開始關注穿搭，推薦了幾個時尚頻道給我，怎麼依照自己的身型找衣服、判斷五官適合的妝容風格。循著這條線，我又游進了時尚社會學領域，發現不同語境中產出的時尚，都是依著社會脈絡而生，又帶著社會前進變革，例如一瓶香奈兒五號香水能流傳百年，優雅背後代表的是獨立精神，女性對壓抑的反動，藉由一瓶「取悅自我」的香氣說出口。

一腳跌入時尚世界，才發現美麗並不膚淺，當中學問有趣得很，每一處的精雕細琢都來自對美感的敏銳，在千萬選擇中挑出你今天想表達的，其實就跟文字一樣，是精緻的揀選、多變的排列，展演出你這個人。就像電影《穿著Prada的惡魔》中的小安，我對於曾經不入眼的時尚徹底翻轉了認知。

迎來誠品拍攝影像故事的邀請，還是不太會化妝的我找了W幫忙，偏偏前一天臉頰突然冒痘，我帶著歉意跟W說：「不好意思，臉上長了一顆痘痘，又有很多雀斑不太好蓋，再麻煩你了。」W一副這哪有什麼的表情跟我說：「妳的膚況很好，沒什麼毛孔跟痘疤，粉刺也比一般人少，眉毛還很完整，平常不需要化妝就已經有精神。」

這根本是一場心理治療吧！一直以為膚況很糟的我，被補足了信心，跟姊妹分享，M也說：「妳不會是今天才知道這件事吧？妳的皮膚光滑又白裡透紅啊！」「而且妳的雀斑位置是現在國外模特兒最愛的，消費者已經看膩修飾太多、太假的模特兒，有些不完美更自然，所以他們都會保留真實膚質。」

M傳了幾張照片給我，美妝網站的封面模特兒，臉上散落深淺的斑點們，沒想到這不必被遮掩，可以大大方方展現。我會覺得不美嗎？不，我覺得自然舒服極了，這才真實，才是日常，才是我們。

過去我遠離裝扮、時尚，是因為覺得自己有很多地方不符合標準，額頭太高、鼻子太塌、皮膚太乾、胸部太小、手指太短、身高太矮，在鏡子前總是嘆氣多過讚美，索性假裝自己不在意，離這一切遠遠的。

但世上最討厭我外表的人，正是我自己，根本沒有人每天拿放大鏡在檢視，那一顆痘痘、一條皺紋、一點雀斑，從頭到尾只有我看不順眼，成天跟自己鬧彆扭。就像我也不曾因為朋友臉上多了什麼，就嫌棄厭惡他，反而看到的都是美好之處，同樣的眼光，我該練習看回自己身上。

外表與心靈一點也不對立，是我自己設下了界線，認為內在是高階的，外表就是膚淺的，但兩者的本質為一體，你願花心思灌溉，照顧好自己，兩者都會一起滋潤美麗；你刻意荒廢忽視了其中一項，也會使另一樣破損空洞。只要美麗不來自對外在標準的追求，而是對自我的認同，就能美得舒適，有你的專屬風格。

我至今仍是那個搞不清兩條腰帶有什麼差別的小安，但我知道這是個精彩的世界，等著我好好探索挖掘。

# 初次經歷我陪妳

剛升上五年級的一個平凡下午，我穿著內褲雙腿開開坐在客廳，媽媽突然一聲尖叫：「哎呦！妳內褲全是血耶！」還來不及反應，低頭看雙腿間一片鮮紅，我已快被嚇暈。

「妳那個來了啦，要用衛生棉。」雖然早就知道有「這件事」的存在，但真正發生時我完全不能接受：「天啊，我再也不會長高了！我不要！」內心崩潰，我躲進廁所在馬桶上坐了好久，遲遲不肯換上內褲跟衛生棉。彷彿在長大的門前抵住雙腳，「我不要過去，過去就回不來了！」

後來開學沒多久，老師把女生聚集起來，小小聲問：「那個已經來的舉手？」不必明說，眾人都知曉「那個」，面面相覷搖頭說沒有，連我也是。我說謊，不敢承認自己有月經，因為很丟臉。

這就是我與月經的初次相遇，驚嚇崩潰、躲躲藏藏、尷尬羞愧。

天底下應該沒有幾位女子能真心說出：「我喜歡月經。」雖然近年來有許多去污名化的運動，鼓勵女性重新擁抱月經，但我就是覺得流血一週好麻煩，如果可以選擇，我不想要月經。

不過，同時我也因為社會對月經的歧視與嫌惡感到憤怒，女性自己討厭月經沒問題，因為就發生在我們身上，我們有權給出自己的定義。從沒經歷過月經的人嫌惡月經，我就真的不知道，你們憑什麼？就像我們也從來沒說過，你今天夢遺了，你剛剛射精了，你好髒，不可以進廟裡。

兩位「月經狂熱」的朋友想要寫一本初經教育書，邀請我一起加入，我二話不說立刻答應，卻在書寫的過程發現我和月經機制、女性的身體太不熟悉，明明跟它們相處了這麼久。

「陰蒂是女性重要的性器官，外觀看起來只有一個豆點大小，但其實是一整個像企鵝形狀的器官，長在身體裡頭。陰蒂頭有八千個神經末梢，所以非常敏感，持續刺激會帶來性高潮。」

「卵巢與輸卵管不相連，卵巢排出成熟卵子時，輸卵管末端的觸手會撈取卵子，再由內部的纖毛一路推送到子宮。」

「造成子宮頸癌之一的人類乳突病毒（ＨＰＶ）已有疫苗可以接種，但不只是女性，男性也有感染與傳給他人的可能，所以也該接種，才能保護自己與伴侶。」

「處女膜應該正名為陰道冠，有些人的陰道冠組織韌性比較強，不易破裂；也有人的組織天生比較脆弱，可能在日常生活中破裂，所以有超過一半的女性，不會在第一次性經驗時出血。而且不管是哪種性別，每一次的性經驗都很重要。」

在研讀資料的過程裡我變回一個孩子，重新學習一切知識，讚嘆身體的奧祕實在太偉大，每個器官都有神奇功能與角色，不該只是統一歸類為「下面」，它們每個都好重要。

除了知識的再學習，怎麼讓書本的敘事不偏頗，包容涵納進更多人的經驗，也讓我們在過程裡戰戰兢兢，一再檢視所有用字遣詞。

比如：多數的月經週期為二十八至三十五天來一次，「但也有人是三個月來一次的季經，或是不規則、不同頻率。」或是多數教科書寫道：「未受精的卵子一天後就會死亡。」乍看之下理所當然，但卻相對被動且負面，我們可以換成：「沒有與精子結合的卵子，會進行更新工作，變回身體的養分。」

同樣的事實，換了一個角度敘述，觀點與感受就如此不同，已經很習慣過往敘事的我們，很努力想翻轉刻板印象，也更新自己的腦袋。

其中有一個章節的練習題，希望大家能夠自然地觀看自己的性器官，不需要害羞躲藏，可以拿一面小鏡子看看陰部的樣子。

這道練習題我寫得心虛，因為事實上，我也沒看過自己的陰部，雖然洗澡時會清洗它，但從沒真正仔細地看過它，就是覺得不看也沒關係，我不需要跟它熟，反正不就一坨黑黑？

不想要當一個寫出文字，卻自己也做不到、沒有說服力的人，我鼓起勇氣坐到了鏡子前，雙腿張開，直面這個黑洞。「哇賽！原來長這樣！」我被深深震撼，原來活生生的，屬於我的陰部長這樣，不再是教科書上的圖片，我看見了自己的陰部。這個陪了我三十年，日日夜夜都在的一部分。

當年那個不願面對初經的女孩，終於大方直視了雙腿間的一切，不再驚嚇崩潰、躲躲藏藏、尷尬羞愧。我仍舊不喜歡月經，但是我接受它，了解它，也談論它。

這一切談論，都是想讓那個小彥菁，以及所有的女孩知道：「初次經歷，我會陪妳。」

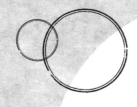

# PART 4

# 如果來這裡，是為了做些什麼

# 天生臭臉

「其實妳還滿好相處的耶，一開始認識我都不敢靠近，覺得妳看起來很兇。」已經不知道第幾次，新朋友這樣對我說。該開心我本人比外表友善，還是難過我就是天生臭臉？

我想許多臭臉國的朋友們都懂，當你只是在放空，沒有做任何表情，卻被朋友問：「你心情不好嗎？」的無奈。只好回以一個無力的笑：「沒有，只是有點累。」

有時我確實會對這個情況生氣，人們期待親切的笑臉迎人，特別對於女性，大家會說：「女孩子要多笑，人緣才會好。」但同樣的話很少套到男生身上，他們越酷越好，天生自然的情緒，都被性別框架化了。

有次在柬埔寨帶團，民宿主人的小女兒剛出生，她不像其他小嬰兒愛笑，總是面無表情看著大家，一位團員就說：「Amazing，妳小時候是不是就長這樣？」

我知道他們只是開玩笑，但還是難過受傷，當下一句話也沒說就跑回房間。團員跑到門口道歉，我也很抱歉讓事情變得尷尬，但也許就是壓倒駱駝的最後一根稻草吧，我在帶團時已經努力比平時親切兩百倍了，仍舊被認為是個面無表情的人，讓我覺得無力又想哭。

臭臉、冷漠、嚴肅、無情、可怕，對我來說是同一組關鍵字，連結到父親。父親是很少顯露情緒的人，真正的面無表情，我為了不讓他有機會了解我的內心世界，也學會在他面前武裝，把情緒都藏起來，跟他一樣毫無表情。

或許就是這樣學來了，我的天生臭臉。因此我更討厭人們提起這件事，彷彿我跟父親是一樣的人，我最討厭的樣子，竟然就長在我身上。

小時候有位長輩不知道用什麼算命系統，分析了我的個性給媽媽聽：「天生冷漠。」大人們以為我不懂，若無其事地談論著，事實上我記起來了，身體把受傷的記憶儲存，為了下一次不再受傷。我害怕遺傳父親的樣子，那是媽媽最討厭的，社會不認可的，我血液中的原罪。

可是在臭臉的外表底下，我其實是非常感性的愛哭鬼，看電影十部有九部會哭，連喜劇片《歌喉讚》都可以讓我淚流滿面。曾經與同事下班後留在辦公室，看楊力州導演的紀錄片《被遺忘的時光》，我哭到鼻子通紅、整個頭脹痛，同事被我嚇到，說我平時是不是太壓抑了？

我厭惡外表展現出的冷漠，又羞於展現內在的澎湃情感，尷尬糾結，扭成一團。急需一個地方讓我擰出淚水、憤怒、喜悅，讓我和自己在一起，所以我寫作，因為我需要。

就像是一個容易中暑需要刮痧的人，對於許多小事的敏感情緒，常熱騰地讓人當機，寫作之於我，就是那個救命的刮痧，讓我能夠梳理排毒，一字一句刮通氣血，重回一身輕盈。

當我看懂了，我之所以成為我的脈絡，開始比從前更接受自己。一切情緒都其來有自，我不是憑空誕生的冷漠鬼或愛哭鬼，而是千萬秒生命疊乘出的獨一無二。

有次參加了催眠師與整理師朋友合開的潛意識整理術，其中一段催眠師帶著大家冥想，進入我們的「元辰宮」，看看我們的內在空間長怎樣？

我看到一座兩層樓的尖塔，外面圍了一層樓高的石牆，石牆門跟高塔門都是開啟的，一進去會看見庭院長滿了野花，一叢叢盛放。客廳像一個接待處，擺了簡單堅固的桌椅，沒有其他過多裝飾。廚房與客廳連在一起，沒有隔間，爐子上正細火慢燉一盅我最愛的中藥湯，香味四溢。

爬上一個旋轉樓梯，就會抵達二樓房間，與外牆的石灰風格不同，是粉紅色的公主套房。正中間擺著一張宮廷式的床，鋪滿了軟軟的枕頭讓人可以躺在上面追劇，四周還有蕾絲簾幕可以放下來，我在裡頭感覺安全溫暖，自在做著自己的事。

整個空間真實反映了內心。石牆與高塔，展現出我喜歡與人保持距離，才能感覺到安全，所以第一次認識的人多半會覺得我冷冷的。但如果靠近一點，就會發現大門其實敞開，歡迎進來欣賞野花，到客廳作客。

廚房煮的東西，代表我們的事業。細火慢燉的中藥湯，就是我在醞釀的文章，一個字一個字慢慢熬製，滋補養身，能給人新的力量，我很願意讓每個人都品嚐到。

不過如要上到二樓，一探我天真、可愛、脆弱的一面，就真的需要是超級親密的人才行了。我需要非常多的個人時間，思考、閱讀、探索自我，敏感細膩的心思也容易吸收過多外在資訊，為了專注在自己身上，所以打交道的範圍就縮到最小，以文字的形式與世界互動。

我很喜歡這座元辰宮，也慢慢懂得欣賞自己是個不笑時臉很臭，其實內心溫暖可愛的人。下次如果你看見我又面無表情，也許就表示我正躲在公主套房耍廢，而不是對什麼事偷偷不滿。不必太過擔心，也不用逗我開心，歡迎喝一碗雞湯暖身暖心。

# 靈感之神

第一本書寶的誕生是個驚喜，就像意外懷孕有喜。

一直以自我療癒、身心靈主題經營專欄的我，以為第一本書會是這個方向，但遲遲等不到那個契機。

直到成為自由文字工作者，面對全然不同的工作與生活情境，在臉書上開始分享心情後，一篇公開年收入只有十一萬五千元的貼文被朋友推爆。那天晚上我被強烈的靈感撞擊，發現自己好想寫這樣的一本書，記錄下自由工作者的心路歷程。

隔天我又在臉書發文，詢問是否有朋友願意幫我引薦給出版社，不到兩小時，收到出版社總編傳訊：「我對你的出版計畫有興趣，可以來聊聊喔！」許願池神力無敵。

那天晚上我興奮地無法入睡，開始規劃的第一件事是——我要找哪些名人來推薦這本書？林依晨、陳綺貞、田馥甄、林予晞、連俞涵，列了一份夢幻名單，想著可以用一本書與他們產生連結，想像他們手中拿著我的書，越想越喜滋滋，歪樓成粉絲白日夢。

## 總有一本該由你寫的書

我一直急著想出版自己的第一本書，覺得出書是里程碑，也才敢說自己是個作家。

在還看不見出書希望時，得知一間大學即將創辦文學跨域研究所，以當代書寫實踐，創作介入社會為目標，畢業門檻是「出版一本自己的書」。我滑著課程與師資介紹，越看越心動，有機會出版書籍，同時獲得碩士學位，這就是我夢寐以求的研究所呀！

甄選要求提交自己的創作計畫，你想寫什麼？為何而寫？研究所可以如何幫助你？老實說我沒有明確規劃，只是想進去學習而已。當時社會剛好經歷激烈的世代政治衝突，於是我說想探討不同世代的價值差異來自何處，我想走入家庭聽他們的故事。

創作計畫面目模糊，我還是硬著頭皮交了出去。面試前一天晚上，我夢見自己懷孕，夢裡的我很慌張：「咦？我還沒有準備好生小孩呀，我不要！」下一秒，孩子就跑進別人肚子裡了。十足的預言夢。

面試當天我拿不出好表現，內心知道自己心虛，最後當然也沒有考上。

這個「懷孕未遂」，跟後來第一本書的順產差別之大，讓我明白之前的心急真是多餘，該是你的孩子就是你的孩子，該由你來寫這本書，靈感就會撞你個措手不及。

## 如何和靈感一起工作

《享受吧！一個人的旅行》作者伊莉莎白（Elizabeth Gilbert），曾經在TED演講中分享她如何看待靈感。遠古時期，人們相信創造力來自某種神聖力量，祂會尋找適合對象，讓他們成為傳遞訊息的管道，所以創造力並非全來自人類，而是一種人類與神靈的共同工作。

她舉一位音樂家的例子。某次他開車在高速公路上，突然一段美妙的音樂躍進他的腦袋，但他沒辦法把旋律記下，於是對著天空大喊：「嘿！難道祢看不出來我正在開車嗎？如果祢要給我靈感，請等適合的時候再來，不然就先去找別人吧！」

我後來想想，這就像跟你的同事說：「不好意思，我現在正忙著別的事，你可以晚一點來找我嗎？」宇宙、神聖力量、靈感也是我們的同事，能一起聯手創造出什麼，也可以與祂們溝通工作方式。

我把這個故事記在腦中，開始去感受靈感之神的足跡。某日中午我在吃肉圓時，突然一個強烈靈感湧上來，我趕緊在心中跟祂說：「欸欸欸，等一下啦，等我吃完肉圓回家，一定會馬上寫。」繼續安心吃飯。

回家後靈感還有餘溫，抓著尾巴就把祂寫了出來，貼出文章前我再次跟祂溝通：「我已經寫完囉，接下來傳遞給需要的人，是祢的工作，請好好散播出去吧！」

我跟宇宙是這樣一起工作的，聽起來好像有點玄幻，也可能有人覺得我瘋了，但對我來說，就是順應生命之流，做出你來這世上應該做的事。

出書後去錄一個廣播節目，主持人問我，提出「有一種工作叫生活」這樣的觀點，是不是違反了社會主流價值，擔心自己在「逆天而行」？我想了想說，雖然看起來好像有點叛逆，但其實我是在「順心而為」，看重我真實體驗到的感受，回應心中明確的渴望，順著自己的心意行動，也許這樣才是順天而行，因為那個天就是你自己。

和靈感一起工作，就是誠實回應感受。那些過不去的心結、暴烈的情緒波動、異常在乎的價值，都是某個神聖力量與你，要一起對世界做出的吶喊。

有時候祂不來，可能是在與其他同事忙別的事，或是你暫時不需要，祂將力量借給下一個人了。我們就跟平常一樣，細膩生活、誠心對話、恆常創作，在心底與那份力量說：「我準備好與祢一起工作了，讓我們一起創造吧。」等待下一次的彗星撞擊，激情火花四射。

# 重回溺死的池子

一場聊寫作的創作沙龍上，主持人問：「寫書的過程中，有沒有遇到什麼困難的時刻？」

有，非常多，困難是日常，順利才是難得。寫第一本書時，我很快就規劃出了章節結構，從自己的心路歷程出發，到談論未來工作樣態的觀察，最後放進幾位朋友的非主流職涯故事。幾乎是不到一小時，整本書的樣貌就清晰完整，好像一路筆直的綠燈，暢通無比。

但開始寫第一章，我就被突然亮起的紅燈狠狠擋下，蹉跎好久無法下筆。我給自己的開頭第一章是：我為什麼要離職？那時候發生了什麼事？當時的心情思緒是什麼？

離職前我的身心狀況非常差，幾乎再不走就會崩潰，生命中新的召喚也震耳欲聾，我匆忙跳機，拖著身體爬出來，對一切感到抱歉，但同時又鬆一口氣。

事隔兩年回頭去寫這段，幾近自虐，就像一個休克的病人要憶起倒下前的事，幾乎不可能。很多記憶模糊，心情上更是迴避，再次面對，等於要逼自己跳回那個溺死你的池子。

可是這一次，我要憋氣，我要張開眼睛，我要奮力踢水，我要試著去理解是什麼東西纏住我？我要知道為什麼這池子這麼深？就算我又快被溺死了，也要想盡辦法撐過極限，至少比上次久一點點——直到我能牢牢記住快死的感受，直到我能明白流下的每一滴淚，直到我能找到最精確到位的詞彙，才能允許自己浮出水面大口換氣：「我知道了，就是這個！」

## 自願再次經歷，才能成就作品

創作不只是熬過最艱難的時刻，頭過了，我還要補身體，再回去說更前面的事：我為什麼投入這份工作？喜歡什麼？曾經被感動什麼？相信著什麼？這樣才能帶領讀者走進我的內心，去理解我的期待渴望後，再懂我的失落疲憊。就像泡了四十五度的溫泉，又跳進十五度的冷池，來來回回，讓這個坐在書桌前的自己，過熱又失溫，發燒又結冰。

我後來明白，自願再次經歷心靈瀕死，而後寫出的東西，即是文學。創作者，不管是寫作、繪畫、音樂、戲劇、舞蹈，都要這樣來回生命的幽谷，去觸碰自我的本質，才能直擊人性最脆弱真實的地帶，結晶出震撼人心的作品。

《故事如何說再見》集結了作家如何挖掘繆思泉源，和看待寫作的奧義，美國印第安作家薛曼（Sherman Alexie）說：「我認為每個作家都站在他們的牢籠入口。一腳在裡面，一腳在外面。說故事的本身就是重返那個折磨我們並綁架我們的牢籠，作家是這麼做的累犯。」

身為一個在「保留區」長大的印地安人，薛曼興奮於能離開部落，卻又同時感到背叛，對於身體裡的印地安血液又愛又恨。直到他開始寫自己的故事，家鄉的故事，才從自我的詮釋中找到力量。就像重返困住他的牢籠，但這一次他選擇了自己的腳步、按照自己的時間，自願進去的，就有辦法再走出來。

於是他說：「我們全都躲不開這個命運，人類難以抗拒重溫或重回那些羈絆我們的人或地方。但當你能選擇回到羈絆的條件時，握有力量的人便是你，而不再是你心中的那座牢籠。」

## 順應當下的流，就是寫作的本質

第一本書快完成前，我也不知為何停滯了，就像馬拉松鄰近終點時，是最考驗身心的一段。

本來規劃了一個篇章聊我的父親，這麼多年來他對工作、錢財汲汲營營，最後卻全部搞垮，孑然一身，身為孩子把一切看在眼裡，怎麼影響我對工作與金錢的想法。覺得有了這一篇，書才更完整。可是好像鬼壓床，明明只剩這篇，明明快到終點，頭腦叫身體快醒來動筆，卻癱瘓動彈不得。內心在尖叫，頭腦在吶喊，身體不聽就是不聽。

死守書桌前兩個禮拜依然無效，帶著這個煩惱去臺東旅行。認識了一位新朋友，她幫我抽牌解答，選到一張熱氣球升空的牌卡，我說：「我現在就是倒在地上看熱氣球的人啊，我為什麼上不去？我為什麼寫不出想要的東西？我不是一個好的寫作者。」講一講都快哭了。

她是輔導老師，輕巧指引：「有時候我們心中對一件事會有『應該』的想像，那會變成一種框架。例如我是老師，可能會想說：『老師應該有威嚴、老師應該聰明。』但讓我們回到事情的本質，對我來說老師就是『陪伴學生學習的人』。而妳覺得寫作的本質是什麼呢？」

我被叮叮叮敲響，醍醐灌頂。原來我被自己設定的「寫作目標」框住了，不管是寫的主題，還是出來的成果，我都被我的「應該」卡住了。

這感覺像是，啊！我知道那裡有一股洪流在爆發，我知道有一個事件影響我很深，所以我要趕快把那裡圍起來，坐下來細細觀察寫生，這畫面太精彩了，不寫不行。但有時當你想圍起來，當你想閉關，可是時間過了，大水退了，那股洪流變成死水，你想死守硬逼著自己去寫，結果剩下一片死寂。

必須隨著生命流動，有些過了就過了，你攔截不回來。縱然知道它會是一個很棒的題材，一篇動人的故事，但現在過了就必須放開，才能迎接下一道滾滾而來的洪流，看這一次能不能抓住。也許過去的流，會在某一天重新蕩起意想不到的驚天駭浪，捲你個措手不及，讓你釣到一個更絕世精彩的畫面。

後來我放棄父親那篇，轉身寫那一趟旅行，讓我感覺到自由工作者可以平常日出遊，不必人擠人的幸福，從家族寫作變小品文。那就是我當下的流，順應著呈現真實的自己，就是一個寫作者的本質。

回到創作最難的事，就像這兩個例子，有時你要重新跳回池子再溺一次，有時你想跳還跳不得，池子結冰，你得另找他池。重複這兩個循環堅定挖下去，蹣跚前進，我們就不斷在創作的路上。

# 作家即時戰

網路書店有個令人又愛又恨的頁面——暢銷即時榜。

在我是讀者時，鮮少造訪這個網頁，也不清楚它的指標意義。直到新書出版，上市那天編輯傳來訊息：「今天有上即時榜，很厲害耶！」我才懵懵懂懂地發現它的重要性。從那天起，開始了每小時重刷一次的日子，熱烈關注自己的寶寶有沒有在上面。

有些人覺得，作家應該不要在意銷售數字或流量，專注在自己的創作，有些事物就算不熱賣仍有重要價值……但我就是超在意書的銷售表現！過去寫專欄也會一直去看點閱率、按讚數、讀者留言，我不會為了投讀者所好，轉而寫受歡迎、討好的文章，不過，作品受到喜愛還是會讓我充滿喜悅。

即時榜讓人又愛又恨的原因很簡單，就是你在上面時很開心，不在上面就傷心。一小時前你是前十名，一轉眼就彈飛到二十名之外，漫畫大軍一來就是十幾本，你多希望同個系列可以算在同一名次，讓你多前進幾格。

所幸二刷消息來得快，讓我馬上放下心來，至少基本盤過關了，書寶的表現不錯。不過新一波的比較心態緊追來襲，差不多同時間出書的作家前輩也在臉書分享再版消息，我忍不住跟他比賽，偷偷觀察誰再刷的速度快。

人一旦開始比較，就像把自己放上賽馬場，選手、觀眾、裁判都是自己，除了你以外根本就沒別人。可是你就是忍不住，只有透過這個方式，找人當假想敵，你才能看見自己在哪裡，表現得如何？

有時我超前，有時被追過，兩人的書都賣得不錯，一版一版刷上去。比賽進行了兩個月，前輩又分享再刷的消息，我則等待了一個月都沒再收到編輯傳來的「恭喜」，黯然決定退出這場比賽，暫時取消追蹤前輩的臉書，不要讓自己再看到，等這段執著期過去。

一個月後才從編輯那得知，上次再刷時多印了一倍的量，所以才等了比較久，銷售狀況並沒有掉下去。把作家前輩的臉書重新追蹤回來，發現他開始了新一波的教課、影音節目，也開始接觸新領域的學問，就在我孤僻玩賽馬遊戲時，真正的駿馬瀟灑奔馳著。

我就是這樣一個作家，沒自信、沒安全感、愛比較，甚至有時連稱自己為「作家」都不太好意思，我心目中的作家是像張愛玲這樣的大師，或是近期的吳曉樂、葉揚、蔡崇達。同樣是出書，心理勵志與文學創作在我心中等級不同，純文學是個殿堂，我平凡的書寫是進不去的。

高中時讀語文班，同學們都才華洋溢，文藝少女把週記當作文在寫，每次都洋洋灑灑四五頁，老師會印下幾篇貼在佈告欄，幾乎都是滿滿一整面，隔壁班的還會偷跑進我們教室看。

我並不是班上寫得最好的，好幾位同學都是文學獎常勝軍，她們瑰麗奇幻的文字，尤其小說、新詩這些我完全寫不來的文類，每次都讓我興嘆羨慕。詩意的用字，生動出奇的形容，對照之下我的文字幾乎沒有功力，就是靠細膩觀察、豐沛情感。

開始在女人迷寫作時也有這樣的自卑，大家都用字華麗，我卻只能直白把內心話語托盤說出，赤裸裸地，不善點綴裝飾。

一次與主編Audrey告解這個煩惱，她溫暖回應：「我覺得妳很好啊，別人的文字可能像一場芭蕾舞表演，但妳的文字很像跟朋友在客廳聊天，真摯溫暖又靠得很近。」

我被點燃一柱光亮，看見自己好的地方原來在這裡。知道獨特之處，就能跳開單一評價的比賽，在「誠實誠懇的書寫」這個項目，我知道自己真的做得很好（摸了幾下自己的頭）。

除了跟其他作家比賽，還有時間這個戰場。

第一本書寶的出生日期排在二月底，趕不上月初的臺北國際書展，我擔憂地跟J說：「大家會不會在書展買了很多書，就沒錢再買我的書了？」他一如往常神解答：「不會呀，那妳這本就會成為大家在書展錯過，但還是想買的好書！」

產前焦慮媽媽在一旁痛哭流涕。

結果那一年書展，因為肺炎疫情停辦，果然各種擔憂都是不必要的，我們永遠不知道事情會如何發展。

當我們優雅地在分享會上，侃侃而談自己的新書，背後其實有這麼多擔心與焦慮。

而對我來說，每本書其實都有三種故事：第一種是書的本身，傳達了什麼樣的內容；第二種是寫這本書時，發生了哪些事；第三種則是書本出版後，發生的故事。

就算即時戰很折磨，能夠站到這座戰場上，透過一本書感受三種層次的故事，我就願意一直寫下去。

# 不只是正能量

「前幾天在網站上意外發現了妳的新書。最近剛換工作，不是很順利，對這本書充滿很多期待，我會趕快把書看完，希望可以獲得很多很正面的想法。」一位讀者傳訊給我，我卻遲疑了好幾天不知如何回覆。

每當有讀者回應，從我的文字裡獲得了溫暖與正面的力量，或是表達出這樣的期待，我一方面覺得開心，另一方面卻感到抽離，不敢跨出腳步迎接投射過來的金色光環。我知道如果掉進光環，我會失去真正的自己，以為溫暖、療癒的那個我，就是全部。

身為一個內在有著「救世主」性格的作家，必須承認某部分的我，享受著這些讚譽與仰慕，如果大家一直依戀著我的文字，我的存在價值就會被證明。

不過倘若小小的虛榮心一下膨脹起來，就再也看不見真相，寫不出靠近人心的字，我必須有所意識。

相較於正面能量，我更想傳達的是「真實力量」，包含著黑暗與光明、脆弱與堅強、恐懼和勇敢、自私與大愛。

我在文字裡，常常是「裸奔」的狀態，把很多內在痛苦、羞恥、憤恨的一面全部揭露出來，想讓大家知道，你心裡有的那些情緒、糾纏，我都有，你不必覺得自己特別糟糕，不必隱藏那些部分，或是想盡辦法逃離它們。有一個不同的方法，我們一起轉身看看他們，拿出來曬曬太陽，當你選擇面對，你會發現比起壓抑逃避，這省力且有用多了。

我期待讀者，或者世上所有人以及我自己，能去練習的是——不把黑暗的責任往外丟，向內去看那源頭是什麼。

就像我在過往的戀情裡，投射父親的陰影在戀人身上，注定要幻滅，沒有回去看源頭，一生追逐就是徒勞。我們看著新聞裡，公眾人物犯錯說謊，氣憤不已的同時，是否也被觸動了從小被告誡不能說謊的道德焦慮，或是發現父母長輩也曾欺騙我們的背叛感？

不急著將不舒服的感受往外丟，責罵攻擊任何能牽拖的人事物，也不急著拿一件閃亮披風蓋住傷口、塞住黑暗。轉身聽聽內心，裡頭有很多聲音想跟你說話，他們都是一部分的你，加起來才是全部。

就是因為曾體驗過，用力壓抑痛苦，欺騙自己假裝不在乎，所以我寫出這些文字，不是空話。墜入黑暗一段時間後，你會發現眼睛也有黑暗適應力，重點就是要給他一段時間，你會看見黑暗原來沒有這麼黑。

想要長力量，人就必須有所經歷，真實的生命碰撞會讓人長大，這就是為何我們都得來到地球，親身活過一遍的理由。

當然，我的期待只是我的期待，我的答案就只是我的答案。我曾經自以為關心，而對一位朋友說，他現在的痛苦必須往前回溯家庭經驗，後來才知道他還有被性暴力對待的一段，回想對他而言太殘忍，遺忘才能繼續活。我頓時看見自己的傲慢，想把答案填在別人的考卷上。

我們都只能回應自己的人生，不等待有誰來背負自己，也不要妄想扛起他人。保持開放的心態分享，我的文字可以是陪伴、指引，也可以無關緊要，你決定都好。

回到開頭那位讀者，我後來回覆給他的訊息是：

「這本書能帶給你的，不一定是很多很正面的想法，但一定是真實的經驗。我相信真實是更有力量的東西，因為它能連結我們每個人都體驗過的感受。希望你能從中看到一些方向，然後開始起身去找自己的答案，那絕對是最重要的事！」

這段話，也送給正在讀這本書的你。

# 新增黑特席

有人喜歡你，有人討厭你，人生在世誰都是這樣；出書也是，有欣賞的讀者，也有希望你閉嘴的黑特。

《有一種工作，叫生活》出版後過了九個月，一個平凡夜晚，我突然收到朋友私訊：「我曉得你的書賣得還不錯，評價也好，但我時常會看見蠻嚴厲的批評，我猜想妳自己也許多少會接觸到，多少會影響心情吧，怎麼調適，會嘗試想解釋嗎？」正當我對這個問題摸不著頭緒，想說收到的反饋都不錯時，又有其他朋友告訴我：「有平臺在攻擊妳的書耶，要不要去回應一下？」原來遠方有一處戰場正煙硝四起。

我不敢去看留言，但大概能想像被罵了些什麼，在書剛出的時候，就有朋友說：「妳坦白得太令我驚嚇了，提到家人支持的部分，一定會被酸。」我說我知道，我寫的時候就想過會有這樣的聲音出現，但我還是要寫出來。

我在書裡提到，自己曾有一年收入不到十二萬，但因為住在家裡，還是可以用最低限度的收入過活。平臺轉發單篇文章，斷去了整本書的前後脈絡，只刊出這一段故事，看起來變成一隻米蟲召喚大家一起回家啃老，瞬間被網友罵翻。有人跑來私人臉書留言：「不是每個人都能在家裡當蛀蟲。」雖然早已知道會被攻擊，但真正遇到的時候心情還是大受打擊，開始懷疑自己的書寫價值，完全無法給出任何回應，動彈不得。

消沉了幾天，決定在網路上搜尋「被酸民攻擊怎麼辦」，發現好多人都有這樣的經驗，社群時代無人可以避免。有人推薦了《脆弱的力量》作者布芮尼（Brené Brown）的演講，她曾因為在ＴＥＤ演說受到熱烈迴響，但同時也有酸民攻擊她的外表和演講內容，使她備感受傷。

她在家裡躲了一陣子，有天看到一段老羅斯福總統說過的話：「在背後批評指點的人並不重要，那個指出堅強的人如何犯錯的人並不重要，那個放馬後砲，在後面批評他人該如何做的那個人並不重要。應該被肯定的是那個站在競技場裡的人，他的臉上佈滿灰塵、汗水和鮮血，他勇敢奮鬥，他努力發聲，經過一次又一次的挫敗，但仍不放棄，他知道他是為值得奉獻的理由努力，他也許能成功，也許會失敗，但至少他失敗的時候，他是非常勇敢地顯露出脆弱的力量。」

我看著這段話，感受到一股新生的力量，每一個站在競技場上，勇敢坦承脆弱的人，都不該因此成為被攻擊的對象，就算被攻擊，我也會繼續留在競技場上，身上佈滿灰塵、汗水和鮮血，因為這裡就是我選擇的地方。

再次爬起，我在臉書上分享了這段時間的心情以及這段話，職涯諮商師朋友回應：「其實我覺得把自己擁有的資源講清楚，才是真正負責任的做法。大多勵志故事都忽略了他擁有的資源或是安穩的退路，一味強調熱血冒險，只會誤導讀者。我做職業生涯規劃，最怕遇到一堆被誤導的人，現在遇到想當自由工作者的，我都說先去看看妳的書，才夠有現實感。」自己書寫的原因被理解了，我瞬間感到釋然。

再度以比較平靜的心情看待網友留言，我發現不真正認識我的人，謾罵的其實是一個「想像出來的我」，並非真實的我。這些攻擊背後真正展現的，其實是他們對人生困境的不滿與怨懟，我的文字只是做為一面鏡子，將那些積累已久的情緒映照出來。我到網路書店的書評區留言，回應了謾罵的網友，不是解釋也不是反擊，單純把自己的想法說得更清楚。覺得能直面質疑與攻擊的自己，又升了一個等級。

很照顧我的一位前輩布姐，第一時間來電關心我，告訴我人生的舞臺就像一間電影院，有人坐在搖滾區第一排，也有人在遠遠的後排，你根本看不清他們的面貌，只要把心力放在前排那些全心愛著你，熱烈支持你的人就好。而我決定在電影院擴建黑特席，給酸民留一個位置。我的愛與關心只給予願意真誠交流，幫助彼此變好的朋友身上，要坐在哪個位子，每個人都可以自行選擇。

就算公開寫作會遇到批評謾罵，但我還是好想寫，因為我的人生願望是：「我想陪更多人，喜歡上自己的人生。」寫作分享就是我的路徑。我會一直寫下去，歡迎書友繼續閱讀，有人願意看，就是作者的最大幸福。

# 帶著喜愛的事物飛翔

新書上市後兩週傳來再版消息，出書前怕連第一刷都賣不完的擔憂，瞬間煙消雲散。

必須不好意思地承認，總編說印量已有三千多本時，我第一個喜悅竟然是：「哇，那就有這麼多人會拿到襪子可愛的照片了！」

第一次出書，我決定作者照一定要趁機讓家犬襪子入鏡，剛好男友是攝影師，我們租了一個攝影棚，把襪子帶去專業棚拍。小襪子興奮地不得了，滿場亂跑，看到其他工作人員，一屁股就往人家身上坐下去，絲毫沒有害臊。

我獲得了一系列與襪子共拍的大頭照，每張都可愛到讓我想印出一萬張在路上廣發。從前聽過職涯導師說，個人大頭照絕對不要放跟寵物的合照，可能有損專業形象，但是我才不管呢，可愛的襪子就是要讓全世界都認識！

當我一拿到熱騰騰，新鮮出爐的書寶，第一步就是翻開作者頁，看到襪子被印在上面，立刻溢出滿滿成就感。狗奴的小確幸，就是這麼樸實無華。

朋友幫我做動物溝通，我問襪子：「你知道姊姊出書，而且把你印在書上面嗎？」他蹦跳回應：「知道啊，我超喜歡，我想跟著去簽書會巡迴！」我差點被小可愛笑死，一邊笑又一邊哭，覺得太好了，襪子很喜歡、很開心呢！那一刻我深深感覺到，我的文字能帶著喜愛的事物飛翔，讓他們的美好、珍貴被更多人看見，這是多麼幸福的一件事。

我曾在一間協助脊髓損傷者的資訊公司工作，那是我第一次近距離與傷友們相處。聽見他們的故事，有別於多數媒體上的苦情或勵志樣板，他們告訴我的日常細節，讓我感受到豐沛的生命力。

比如許多傷友假日都在「養屁股」，因為長時間坐著，血液循環不良，而且皮膚長時間不透氣，容易產生「褥瘡」。傷友們為了避免這種狀況發生，上肢功能尚在的傷友每隔一段時間就會用雙臂把身體撐起來，讓血液流通。或是每到不需工作的週末，便盡可能把屁股朝上趴著玩手機，讓平時總是受壓迫的小蜜桃可以一吐悶氣。

他們講來的語氣，總是雲淡風輕，彷彿苦難於他們已不算什麼，我總覺得那樣的態度最是迷人。

為了讓大家看見真實的傷友面貌，我開啟了部落格「輪椅生活學」，以幽默、輕鬆的筆調，寫下這些獨一無二的故事。傷友們看到都很開心，自願貢獻故事，甚至有人幫忙繪圖。一位頸部以下全部不能動的傷友，甚至用特製的吹吸滑鼠，一口氣一口氣地控制，花了好幾個小時完成一幅畫。沒有人因此拿到半毛費用，這也不是公司交辦的任務，可是我們全都做得很開心。

換了工作、進到國際志工推廣組織後，第一年出團時，有位前輩與我一起負責柬埔寨計畫，他是位非常幽默風趣的大哥，髮型像小瓜呆，身形又圓滾滾的，完全是團隊中的開心果，大家都喜歡跟他一起工作。

那一年我們剛好在同一時間各帶一團，而我的團隊中有他前一年的團員。

一下飛機，兩團準備分開時，那些團員就直接在我面前，對著他們之前的領隊說：「蛤～要分開了嗎？好想給你帶團喔！」當下我直接玻璃心碎滿地。

後來出團期間，我盡力模仿他的風格，想讓團員也喜歡我，比如用尖叫雞叫人起床，開會前玩個小遊戲吸引注意力，可是感覺完全不對，我用起來就是沒他那麼有趣、好玩，自己也覺得尷尬心虛。別人的翅膀裝在身上，反而讓我重重跌落。

那一次的挫敗，讓我開始思索適合我的帶團方法是什麼？我跟別人不一樣的地方在哪裡？後來發現，當我真誠分享自己的故事時，團員往往能受到很大的鼓舞與啟發，從而願意更投入志工活動。於是我會在每日會議時，講幾個當天看見的小故事，或是自己曾有的經驗，藉此傳達我希望帶領大家前進的方向。

我也開始在臉書記錄出團的故事，或是柬埔寨的特殊文化，例如當地的男性一生至少要當過一次和尚、寶寶剛出生就會給他們戴上耳環、從紅色高棉時期遺留下的食蟲文化等，就像開啟了小小連載，團員與朋友都不時敲碗。

每每回頭看這些文字，就會覺得我是豐盛的大富翁，擁有這樣多無形資產。

漸漸地，我找回了自己的那雙羽翼，知道這就是我的特質所在。

我的文字能力，就像一盞探照燈，能照亮我所在意的事物，當他們被照見時，同時也反射到了我自己，跟著他們一起被看見，我們互相輝映，因為一起的參與，閃耀了彼此。

不論每個人的才能或特質是什麼，請善用那份力量，帶著喜愛的事物起飛吧，一起遨遊的感覺多麼奧妙！

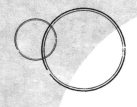

# PART 5

# 對自己好，從來也不用等別人

# 愛你的身體，因為他就是你

大約二十七歲開始，我每個月花在芳療、食補、運動等養生的費用，默默超過了化妝品和衣服。宣告輕熟女時期，正式來臨。

有陣子我的經期不太順，頭幾天只來了一兩滴褐色經血，像是有什麼東西卡在子宮，腰也特別酸疼。整個身體不太好，每天晚上淺眠又多夢，夜裡醒來很多次，隔天早上起來彷彿完全沒睡，身體感覺很疲倦沉重。

我找了一位擅長芳療的自然療法老師，希望可以尋求溫和的調養方式。老師針對我的狀況調了一罐精油，囑咐我每天早中晚在腹腔擦三次，並在肝臟的地方以掌溫熱敷，因為我主要的狀況是肝鬱。為了讓身體能在最好狀態下調養，也要控制飲食，麵粉、海鮮、奶、蛋等易過敏食物暫時不要吃，飲料都不能喝，只能喝溫熱開水，而且一天要喝足2000cc。

熬了一個禮拜禁食的日子，每天塗抹精油後，我再度回診，希望能知道自己的身體有改善。但是老師一把脈後，眉頭皺起來問：「狀況沒有改善耶！妳真的有每天擦嗎？精油還剩多少？」

我拿出還剩三分之二的精油，老師立刻傻住，20㎖的精油應該可以在一週用完才對。我才知道原來我使用的方式不對，每次只塗抹薄薄的一層，沒有搭配按摩讓皮膚吸收，只像平時塗乳液一樣抹過就算了，難怪沒有療效。

「妳知道嗎？要對自己的身體溫柔一點，給他多點時間。不只是我教妳，妳就照做，而是要去感受身體的狀況，這支精油帶給妳什麼樣的感受。喝水也是，不是逼自己喝完2000cc就算了，要去覺察身體有沒有吸收，是不是需要補水了。」

當下我羞愧到不行，對自己的身體很抱歉，也感謝老師的當頭棒喝，指出了我的盲點。

## 不是花錢養生看醫生就好

我以為用比較溫和的方式調養，就已經是愛身體的表現，卻沒有發現我還是用相同的心態在對待身體。不願給他更多時間、更多關心，拒絕與我的身體連結，只寄望老師幫我調好之後，再還給我，卻忘了身體始終是自己的，只有自己能夠顧好。

在快速又混亂的世界，我們不知不覺把自己當機器人，將身體當作用來操縱的機械，當他壞了就「勉強」休息，趕緊進廠維修後儘速復工，偶爾還會罵他一句：「怎麼這麼容易生病，這麼不管用。」像是責任完全不在我們自己。

其實不管任何一種醫療或養生方法，都只是幫助我們的外在工具，最核心的重點始終是：你願不願意多照顧自己一點，給身體足夠的關愛與時間？若是不願意，一百種方法都是枉然。

就像小王子遇見賣止渴藥丸的商人時，商人告訴他：「這會很節省時間，一個人可以一個禮拜節省五十三分鐘。」小王子卻回：「要是我有五十三分鐘，我要從容地向一口泉水走去。」

## 身體是根基，也影響心靈

前面提到的自然療法老師研究領域很廣，包含中醫、藏醫、古印度醫學、芳香療法、頌缽，也懂心理學與靈學，但卻不說玄妙、看不見的心靈學問，而是一直告訴我：「身體是最重要的，他是根基，身體不好，什麼都會不好，更遑論往上走到心靈的部分了。」

老師用了一張大樹的圖比喻：樹要開花結果，一定是要來自根部的營養吸收，人類也是一樣，想要情緒與靈性的快樂，並不是追求心靈學問就好，反而是要從生活的日常，把自己照顧好，尤其是身體。就像我們都體驗過，生病時心情會很低落，睡飽吃飽時，精神也會變清爽。

有時情緒問題不只從心靈下手，而是身體決定了我們的生命品質。

印度的脈輪系統，從最根本的海底輪，沿著身體的中樞一路到頭頂的頂輪，古印度人相信這七個能量中心，就是我們的生命來源，各自負責不同的功能。

現代有許多心靈學問，著重於怎麼開天眼、通靈、連結高我。老師卻說，脈輪的能量是會向上傳遞的，只要把根基的海底輪能量，也就是身體的部分照顧好，自然而然，我們的靈性就會打開，心靈也會更加平靜。

他提醒了我從未注意過的一面：妄想一步登天解開心靈的苦惱，卻忽略了最應該照顧的基礎。

## 從每天多洗澡十分鐘開始

後來我開始關注飲食、睡眠、喝水、運動，雖然不是什麼高大上的學問，從前也都知道，可是真正實踐起來，卻踏實地為生命帶來改變。

我漸漸感受到，有好好健康吃飯的那一天，身體就有能量做更多事；有睡飽的時候，精神自然飽滿，不會容易疲累而心生厭倦；有運動的身體，也長出更多肌肉，支撐起自己，不再輕易腰酸背痛。這些都是很微小的改變，可是卻在每一個當下，帶給我心靈真實的滿足。

照顧身體其實不難，我的實踐法有下面這六個：

## 1.每天多洗澡十分鐘

我以前是個覺得洗澡很麻煩的人，每天都是以戰鬥澡的姿態在十分鐘內解決，還引以為傲，覺得比起在浴室花一小時的人，這是帥氣不羈的表現。

後來整復師朋友告訴我，其實洗澡比想像中重要，不只是把自己洗乾淨而已，而是因為那是一天當中，我們最「赤裸面對」自己身體的時刻。能夠與自己在一起，放掉一天的壓力與煩惱，只專心在自己身上。

多洗十分鐘的澡，你可以看看自己身體的樣子，跟他們說說話，摸摸他們的形狀與紋理，感謝身體陪了你打拚一整天，泡個澡也不錯，最能讓全身放鬆。洗完澡後再幫自己擦上乳液，淋巴腺位在靠近表皮的地方，輕輕擦過去，就能按摩到淋巴。

## 2.用純露幫你多喝水

喝水的重要性，相信不用再多說，大家也都知道，卻很難實踐，為什麼呢？

其中一個原因是習慣了飲料的味道，覺得沒有味道的水真是難以下嚥，所以我有時會在水中加入「純露」，增添淡淡的花草香氣。純露是精油在蒸餾過程中留下的蒸餾水，擁有芳香分子，可以外用也可以直接飲入，也有人叫它「花水」。

你可以加入玫瑰純露，享受甜甜的花香；或是菩提純露，能帶來奶茶般的香氣；昏昏欲睡時還可以加入薄荷純露提神，每次喝水都有氣味多了！

## 3. 探索自己的飲食地圖

「你吃進什麼，就會變什麼樣子。」在飲食越來越精緻多元的時代，誘惑真的很多，不過，其實許多人對於某些食物容易過敏，自己卻不知道。常見的易過敏食物像麩質、奶、蛋、海鮮等，不過，重點是每個人的狀況都不同，所以一定要親身了解自己是否會對特定食物過敏。如果你有些長期狀況如易腹瀉、脹氣、皮膚紅癢，可以試著禁食某些食物一段時間，觀察自己的身體變化，慢慢為自己找到適合的飲食地圖。

另外還有一點，臺灣人愛喝湯，我自己也是嚴重的湯控，但是喝太多可能會稀釋胃酸，或造成胃下垂，所以記得適量就好。

## 4. 確實執行睡前清潔

還是上班族時，有一陣子我下班回家就累癱了，直接倒在床上睡到天亮，連洗臉跟刷牙都忘了，換來的後果就是頻繁的牙周發炎，一直找牙醫報到。

現在我會給自己一段較長的時間確實刷牙、用牙線，洗臉時先用橄欖油卸掉髒污，再用手工皂洗淨，最後上完保養後按摩臉部，非常「搞剛」。

男友有時會問我：「妳在裡面忙什麼啊？不就刷牙洗臉而已？」我這麼回答他：「我要多給自己一些時間啊！」

## 5. 再懶也要找到運動方式

運動的重要性除了保持健康外，也是讓我們對自己的身體熟悉。唯有做一些平時不會做的動作，你才會發現原來你習慣運用的肌肉是哪裡，重心都放在哪一邊，身體有哪些關節比較緊。

我是個懶惰至極的人，可以待在家裡一整天，什麼也不做，如果要去健身房或外面的教室上課，達成率幾乎等於零。於是我開始看朋友推薦的一些瑜珈頻道，對於初學者很容易入門，常常在老師的指導中就完成了。你也可以找找適合自己的運動方法，再懶都要動一下！

## 6. 疼痛時，聽聽身體想說什麼

最後最重要的一點，就是當身體出狀況時，記得停下來靜靜感受他想表達什麼。是不是最近壓力太大，或是有什麼心事堵在胸口，所以覺得悶悶的？或是吃了什麼不適合自己的東西，忘了幫自己補足水分？亦或是太久沒有活動哪邊的關節了？

我們的身體很複雜，也很聰明，會如實反應你的生命狀態。有人說：「疾病是身體寫給我們的情書。」當有一點疼痛發作時，如果還不太嚴重，你可以試著跟自己的身體連結，聽他想說的話，再開始找解方，有時候也許只是需要睡個飽覺，就會好很多了！

我自己的方法，不一定適用於每個人，請你一定要陪自己尋找適合的方式，好好疼身體，因為他就是你。

# 擁有一個名字

朋友的姪女出生了，問我們有沒有什麼取名建議？

「她是屬牛的，可以給她一座田去犁，找田字邊，或是含有田的字吧，像是畔、苗。」「不對，農曆年還沒到，所以是屬鼠的。」「喔屬鼠也可以田字邊，或是老鼠愛大米，選禾字旁跟米字旁。」「那『粲』不錯，一笑傾城的精米，明明白白的小郡主。」「她的人類圖是四分人，內在訊息已經很豐沛了，名字筆畫也許少一點好。」

三位毫無姓名學專業的阿姨，靠著自己的聯想與教育部線上字典，熱烈討論起來。像極了睡美人裡的三位仙子，一一為孩子獻上祝福，想送給她來到這世上的第一份禮物。

取名的學問博大精深，近五萬個中文字裡，你只能揀兩個出來，就像人生的千萬種價值觀，各種取捨中，問你最在意、最期盼的是什麼？要去想孩子的命格、特質，與家族的關聯、姓氏搭配度，更重要的是有沒有像什麼諧音，以防他將來被同學嘲笑，回家哭著要改名。

我的名字是外公幫我取的，媽媽說她當時期望的是中間字可男可女，最後一字再區分性別，不過當時她並沒有把這個期待告訴外公，先看看他給出什麼結果再說。外公翻著辭典，搭配基礎的姓名學研究，沒想到他們父女同心，外公正是依照這個邏輯挑出了中間的「彥」字，再給媽媽「彥菁」和「彥英」兩個選項。

媽媽一看就很中意，覺得英可能偏復古，最後選了清新怡人的「彥菁」。彥：才德出眾的人，像是俊彥、碩彥、彥士。菁：事物中最精美、最有價值的部分，像是菁華、菁英；或是草木茂盛的樣子，例如郁郁菁菁。這就是家人對我的期待與祝福，做一個才德出眾之人，展現最美好的樣子。

我一直滿喜歡我的名字，獨特不易撞名，不過，因為諧音聽起來像「眼睛」，小學開始就被同學亂叫：「大眼睛、亮晶晶、狐狸精！」有位鬼腦袋男同學編了一首短詩：「曾彥菁，大眼睛，半夜起來發神經，跑到廁所去念經，被人說是狐狸精！」朗朗上口到現在我都沒忘記，希望他這份才華後來有發揮在寫詩、寫歌詞上。現在回想起來，強烈懷疑他當年根本暗戀我。

上了高中以後，遇到另一位天才朋友，第一次聽到我的名字就說：「哇，那妳的名字反過來念就是『驚豔』耶，Amazing！」從那天起，Amazing 就成了我第二個名字，班上同學全部這樣叫，我寫考卷時也直接寫 Amazing。

有次上完游泳課，同學在更衣間外喊著：「欸，Amazing 妳好了嗎？我們要回去囉！」我聽到其他班的同學說：「蛤？Amazing 竟然是個名字喔？」我在裡頭憋笑，不好意思出來。

後來進入社會，我也一路用 Amazing 的名號走跳江湖，在海外社區工作時特別好用，只要一介紹：“My name is Amazing.” 絕對不會有人忘記，還會回說：“Oh! I’m fabulous!”

Amazing 一路過關斬將，只有在申請臉書名時被打槍：「這不是一個名字。」

真是的，臉書什麼都不懂。

我最喜歡聽到人們稱讚，哇，Amazing，妳真的是Amazing耶！彷彿我沒有辜負這個名字，她自帶聚光燈，而我的表現把她了撐起來，就像我也擁抱彥菁這個名字，努力成為最好的自己。

之前有機會採訪一位聲音老師，她在工作坊上帶學員們大聲念自己的名字，只見大家都扭捏害羞，怪不好意思。老師說：「名字要越喊才會越吐喔，就像『喊燒』一樣，讓自己的名字沸騰、燃燒起來！」

現場就像邪教一樣，每個人輪流對天空喊聲，有人喊得全臉漲紅，也有人默默流下眼淚，好像釋放出了什麼。我不禁想著這世上難以啟齒的話，除了對不起、請原諒我、我愛你，也許就是自己的名字吧。

短短三個字，乘載了家族歷史、父母期許、青春情誼、愛人呢喃，以及我們對自己的定義。有一個名字，就有了一個位置，在絕無僅有的此時此刻，有一個我，存在這裡。

# 親愛的房間

成為自由工作者後，終於有餘裕整理房間，從前只是睡覺的地方，現在一天待上二十小時。

房間本來有電視，但幾乎很少看，經歷了半年都沒開後，決定移出房間。電視櫃空了出來，疊在桌上的書堆得以擺過去，書桌變回了寫稿的地方，不必再到餐桌去。

上網買了玫瑰金色的耳環收納架，原本裝在藥盒裡的二、三十副耳環全部上架，一排排掛出展示，彷彿有了新生命，沒被戴出場時，依舊在房間閃耀美麗。

床頭櫃蓋上鵝黃棉麻桌巾，深棕色櫃體突然年輕俏麗了起來，觸感也從冰冷變得溫潤。原先容易積上一層灰的表面，灰塵還是照常落下，只是肉眼看不太到，就是一種舒心。

從前是哪裡有空間，東西就往哪塞；前方有障礙物，直接用腳跨過去；找不到東西，再花錢買一個。對空間與擁有物都不上心，很少去想我跟它們的關係是什麼。

整頓自己的房間，就是誠實面對自我的一種方式，身邊的物品，都反映了你是個怎樣的人。

譬如我有一堆免費試用品，保養的、化妝的、清潔的，每次購物只要拿到這些贈品，就會覺得自己賺到，那次消費有了回饋，甚至因為有贈品而加強購買意願。

試用品收著捨不得用，想著旅行時帶去，但旅行速度比不上贈品的累積，越堆越多，裝滿了四個小盒子。回頭整理發現都已經過期了，結果還是丟掉，沒有賺到還造成浪費，提醒自己以後別再貪戀。

貪戀贈品，就像貪戀愛情、美食、衣裳、金錢，都想越多越好，可是超出負荷範圍的終究要腐朽，心力不及的最終都會逝去。物品應該要幫助人活得更好，而不是成為累贅，各種關係也都是如此。

又譬如衣櫃，多數人房間裡的大魔王、無底黑洞、馬里亞納海溝。一堆從大學時期留下的衣服，不再穿也捨不得丟，鴕鳥心態塞在衣櫃，每次土石崩塌就再壓回去。出門前還是不知道要穿什麼，沒有一件讓人有穿的慾望，好不容易翻到卻皺巴巴的。

決定報名朋友的整理課。在課堂中發現，最適合自己身高的黃金區，我竟然分配給男友放衣服，但他沒有這麼常過來，他的身高也比較適合用上層的地方。天蠍座就是有這個毛病，想給愛人最好的，也不管愛人的使用狀況如何，結果反而造成彼此的不方便，愛得好盲目！當晚立刻把他的衣物往上移，把精華的黃金區空出來給自己，再愛也要學習清晰理智。

下定決心跟過去的衣物說掰掰，大學時期繽紛花俏的風格，曾經美好卻不再適合，最後總共清出七大袋，青春歲月謝謝有你們。統計了衣物數量大概有兩百件，第一次知道自己擁有過幾件衣物。清理後的衣櫃終於能夠與我的年紀狀態並進，協助我穿出適合的外在形象，而不再是讓人煩心的黑洞。現在三不五時就會打開衣櫃，欣賞美麗整齊的成果，自戀起這個小宇宙。

願意動手改變空間，即使是一點點的微調，都會讓人就地產生力量。從可以控制的最近範圍開始，發覺擁有的選擇權，留下與放手，遮蔽或展示，練習為自己下決定。

讓親愛的房間滋養你，呵護你，同樣地，我們也好好寶貝它。

# 對自己好，從來也不用等別人

**【馬拉松】**

週末下午，與姊妹來了場「東京白日夢女」式的午茶約會，三人好久沒更新自己的近況，一見面就聊個沒停。

談到必聊的感情話題，C說到了上一段感情，我們問她當時是為什麼分手？C轉著靈動的大眼，緩緩平靜地說出：「其實是他主動提的，就是……他沒有這麼喜歡我。」

C和前男友只交往了三個月，當時遇上了C的家人生病，常常需要跑醫院看顧，加上遠距離無法天天見面，沒有時間培養的感情越來越淡。等到C的家人狀況穩定時，男生主動提了分手，誠實告訴她其實沒有這麼喜歡她，兩人和平協議後確認分手，那天給了彼此最後一個擁抱後，C轉身忍不住開始落淚。

C還記得分手的隔天自己有場馬拉松比賽，前男友以朋友的身分跟她約定，還是要好好去跑完。「我大概是史上最可憐，分手隔天還要去跑馬拉松的悲慘女子吧！」她這樣想著，然後隔天一早，帶著哭紅的雙眼和脆弱的自己，套上粉紅澎澎裙，在微雨的清晨中，很努力很努力地跑起人生中的第一場馬拉松。

那一路21K，她想起了很多很多，關於他，還有她自己。有時告訴自己他不是對的人，有時又想著是不是自己不夠好，一邊跑著還用力提醒自己，不行不行，情緒不可以太激動，現在還不能哭，前面還有漫漫長路啊。就像人生的路也很長，繼續撐下去啊！

一路心痛掙扎，靠著意志力撐住後，終於她陪自己完成了這場比賽，歷時兩小時十五分。她才發現原來沒有誰的加油支持，自己一人仍能做到，原來，她也可以是自己的力量，最忠實的支持者。在終點線前她默默流著淚，和汗水、雨水混在一起，為了逝去的戀情，也為一個嶄新的，更堅毅勇敢的自我。她傳訊告訴前男友自己辦到了，希望在最後的最後，留給他一個瀟灑帥氣的背影。

最近這些單身的日子，她開始「跟自己約會」，偶爾一人看場電影，午後去咖啡廳看書，傍晚到新發現的小酒館用餐，夜裡再慢慢散步回家，到家後把韓劇看到飽，漸漸發現原來一人的日子，可以自在又充實。

C笑著說：「我之前還會擔心，如果告訴別人我是被分手的，是不是很沒有面子，聽到的人會不會也覺得我不夠好？可是現在不會了，可以安心說出口。」

看著坦然面對「他沒這麼喜歡我」的C，自在美好的樣子，我想她其實已經更喜歡自己了，所以知道分手不是誰不夠好的問題，不被喜歡也不是什麼丟臉的事，因為你喜歡自己，才是最重要的！「我不喜歡妳」這句話，永遠也傷害不到她了。

我彷彿看見C穿著澎澎裙喊著：「嘿！就算你不喜歡我了，我也會喜歡自己，一直一直喜歡下去！」

## 【玫瑰花】

G說開始買花送自己，是她為自己做過最浪漫的事。

下班的路上，特地繞到隔壁花店，用百元換一束香水百合，插在電視旁的玻璃瓶，等芬芳綻放；行經地下道，碰到一對販花的聾啞夫妻，向他們買了滿天星擺在房裡，乾燥後沒有凋謝，變成了永恆星星；假日進建國花市，遇見古靈精怪的香草夥伴，帶幾株迷迭香、薄荷，回家混甜菊，夏日裡泡茶。

這些都是從前日子裡，她不曾做過的事。直到因為接觸芳療，在課堂上認識了植物的生命，她才發現自己還有好多不知道。像是植物會產出芳香分子，原來是為了自我防衛，驅趕害蟲；也有些為了修護，所以分泌黏稠物質；還有些是為了在森林大火中，能保住最重要的根部，寧可先用精油分子引火去燒葉子。他們活著的方式這麼有趣，她以前怎麼都沒發現。在她窄窄的世界裡，終於看見了他們。

她開始走近路邊的行道樹，看他們身上別著的名牌，在心裡偷偷打招呼：「嗨！苦楝你好！」「喔！原來你就是可以製成精油的白千層。」「茄苳，這名字常聽到呢，你長這樣子呀！」看見他們的感覺很好，她覺得自己多了一種與世界連結的方式，原來花花草草都在這裡陪伴，其實她一點也不孤單。

「戴洛維夫人說她會自己去買花。」她一直想起吳爾芙的書，第一句就這麼寫。也許女人除了要有錢和自己的房間，還可以自己去買花呢。

G發現自己真的不一樣了，以前覺得買花給自己多奇怪，好像往臉上貼金，假裝有人氣的樣子，普通日子裡也好像不太需要。而且花的生命好短，一個禮拜就死了，短暫到讓人覺得，其實沒必要存在。

可是她漸漸懂了，有鮮花陪伴的一個禮拜，跟什麼都沒有的那個禮拜，就是不一樣。賞花當下的悸動、買花的滿足，以及每次回家看到花朵時的撫慰，都在她心中長出小小的幸福。還有更重要的是，她知道了，她能給自己想要的快樂。

一天她去幫朋友搬家，順手挑了一束唇紅色玫瑰送她，擺在房子的一角，整間屋子瞬間亮了起來。朋友欣喜若狂：「從來沒人送過我花耶！」臉上的笑容比玫瑰還可人。

她微笑回應：「親愛的，以後妳也可以買花送自己呀！」讓自己開心，從來都不用等別人。

# 每一天都值得慶生

三十歲生日，姊妹們各出奇招。

L為M安排了一堂花藝課，大家穿得美美的，在一處面向陽光的午後公寓，捻花莳草。第一次認識像串燒的圓葉尤加利、彷彿紫色蒲公英卻帶著蔥味的夏日鼓手、只喝過茶卻沒見過本人的洋甘菊、清新優雅的琥珀綠桔梗。

黃白紫綠，四人在課堂前各自提議的色系，「搭配起來好和諧、好美啊！」讓老師不禁驚嘆，「而且你們今天竟然是來慶生的，太特別了，我決定幫壽星多加一種花。」好像在菜市場被多送了一把蔥，M臉上漾出燦笑。

穿著灰色帆布圍裙，梳整花葉、修剪枝枒，再一把用虎口固定，逆時針依序加入鮮花、綠葉、鮮花、綠葉，纏成一束手綁花。姊妹的花各有其性格，A的大器盛放、L的自在舒展、M的澎潤甜美，我的小巧可愛。

女孩與花，甜蜜的友誼，我們說以後生日都要這樣過，禮物、大餐都不必，也都不夠了，我們就拿生日當藉口，好好陪伴彼此嘗試更多體驗，享受一切。

過了一個月，輪到A生日，沒跳過舞的她自告奮勇，要來試試人生中的第一支，M找來她的舞蹈老師，量身定做一個下午能學得完，初學者也能嘗試的拉丁慢舞。

一分鐘的舞蹈，大家扭動著身體，展現自己都沒見過的一面，原來身形還可以這樣，柔軟曼妙。被禁錮的性感，逐漸舒張開來，從前的不可以、不得體，我們重新去靠近，用一種寬廣的眼光迎接。

A的那個月過得特別精彩，生日不止於一天，朋友的祝福、邀約不斷，她自行宣布要連續慶生三天；過了一個禮拜，她還是活動滿滿，再次決定「整個月都是我的生日。」再過了兩個月，她和姊妹相約做蛋糕，朋友揶揄：「該不會又是生日月企劃之一！」A大器回：「嗯，那就每個月都過生日吧！」

Ａ說，三十歲就像生命裡的第二次抓周，這一次你帶著清楚意識，選擇你要什麼，放下什麼。你可以只過一天生日，也可以決定接下來一整年，每一天都活得豐盛、圓滿，慶祝生命美好，和宇宙一起共舞。

活在世上的每一天，都是新生之日。

## 在生日那天，當一日主角

想起懵懵懂懂的小時候，父母說生日要吃蛋糕、吹蠟燭，還要許願，沒什麼正經想望，就把玩具清單拿來唸：「我要一隻Hello Kitty娃娃、一個月光寶盒，還有……」「第三個不能說出來，要放在心裡。」啊！來不及說出口的溜溜球。

上了國小，同學們開始帶著乖乖桶出現，半炫耀半分享地當一日國王，紅色桶子，走路有風，軟糖比捲心酥受歡迎。懂得禮尚往來的同學會回以手寫卡片，「友誼長存」、「百事可樂」，亮晶晶的金蔥筆是誠意最高展現。那時覺得好感謝父母，把自己生在學期中，對寒暑假生日的同學抱以無限同情。

國高中的生日，漸漸像個戰場，比朋友比人氣比心意。那時剛好和家境不錯的同學交好，生日那天一進教室，就看到一隻半個人大的皮製史努比，戴著粉鑽米奇項鍊，坐在我的位子上迎接，真是有面子極了。巨大禮物取代乖乖桶，成了另一種孔雀羽毛。

再長大一點，進入臉書時代，生日會自動提醒，臉友們一期一會，提一句祝福貼在牆上，我計較起每年收到的祝福有沒有比去年多，好像那是待人處事的業績證明。覺得自己好病態，把臉書的生日隱藏，卻又發現安靜得太寂寞，我不甘願，偷偷再開回來，坐等祝福堆疊。

我在拚命告訴世界、告訴自己，我是受歡迎的，我是被愛的，我是值得的。值得一天好日子，當閃亮亮的主角。

## 把生日拆分成三六五天

二十五歲，才真正感覺到自己長大，生日前兩個月被分手，從此再也沒有來自他的驚喜、寵愛，我卻開始甦醒。看見自己身上的傷痛脈絡，其實從零歲、從家庭、從學校就生長纏繞，我終於發現了他們，智慧追上了年歲。

後來幾年走入內心，學著修復，原來過去的比較與證明，都是破碎的孩子在哭鬧。轉身直視傷口，回歸家庭，做父母的孩子；照顧情緒，養好身體；以喜歡的事為指引，不再以他人的眼光、社會的標準當依歸；不去計算朋友的數量，只與最契合的幾位頻繁約會。一點一滴感受到由內而生的自由，就像重生，就是展翅。

三十歲一早，媽媽衝過來說生日快樂，三十歲了，我說還沒還沒，我是下午出生的，到了一點後才算。像孩子不想看牙醫，雙腳抵在診所門口。她叫我別再掙扎了，老一歲就是老一歲呀！

打電話給J，提醒他要跟我說生日快樂，自己想聽的話自己要求，已經不覺得委屈。

晚上在居酒屋，好姐妹送來一枚彩虹蛋糕，以小蛋糕祈願，所有不同性別、性向、各種特質的人，都能燦爛綻放。到了這個年歲，能夠將關心推展到比自己更大的議題，與你不同卻又相似的群體，是我驕傲的大人模樣，不辜負多長的一歲。

姊妹說來來來，快許願，我頓了五秒，關於自己的，還真是什麼也想不到，突然意識到，這應該是最大的幸福吧！因為已經夠美好，所以不要求更多；因為已經把每個日子過好，所以不特別需要節日；因為走過青春張狂，所以甘於平靜。

原來日子應該要這樣過，把那些碩大的慶賀、寶貴的禮物，拆分成三百六十五份，每天都享受一點，每時每刻都記得自己是主角，願意給自己閃耀的關注，以及熱切的愛。

於是決定，之後的每一年都把願望獻給這個世界，祝福每一個靈魂，更加清明、勇敢、自在。

# 成熟不是無欲無求，而是知欲知求

這是三十歲的我的日常。

早上睡到自然醒，通常在十點到十一點間起床，吃一頓早午餐。在社群滑滑看看，回回訊息後，下午兩點打開電腦開始工作，通常是專欄、接案稿件，偶爾準備演講，或是去看電影試片。

傍晚準時下班，有時與朋友約吃飯，聽聽演講，上有趣的課，或是跳舞瑜珈，也常在家追劇看書。頻繁往來的朋友不超過五個，真正知心的這樣就夠。

每週有兩三天去男友家抱抱心愛的紅貴賓，和男友聊聊這幾天發生的事，沒有每天見面，但訊息保持聯絡，路上看到可愛的狗狗，或是聽到有趣的事，第一時間分享給對方。

十足平凡的日常，寫出來也怕大家看得無聊，不過我卻喜歡這樣的日子，清清淡淡，軟軟鬆鬆。我想要的東西都剛剛好在這裡：家人、摯友、伴侶、事業，沒有滿到溢出來，大小適中裝進生命裡。

曾有朋友說，我該是天生的低慾望者，不會為了更多的成就與收入，汲汲營營在這個世道。我想了想其實不是，只是我想要的東西不在那個擁擠的球池裡，而是去外面吸一口自由空氣，比起無欲無求，更貼近的形容也許是「知欲知求」。

年輕的時候容易被很多閃亮光環吸引，國際接軌的外商、異軍突起的新創、擁抱理想的公益，每每交換名片，聽到知名的公司品牌，搭配聽起來厲害的職位頭銜，就忍不住對眼前這個人多欣賞一點。這背後有著自卑，希望也能有那樣的光環，外在的加持讓我變得更人見人愛。就像孩子想穿上華麗的長袍，覺得只

要能穿上，我們就會自動變得更好更理想吧！

直到偶然發現光環背後的脆弱與黑暗，聽見他們說著真實的艱難，或是有些存在於本人與外在形象的落差，才讓我發現，啊！長袍不過是一件外衫，裡頭的人不會因此就改變，他的痛苦、迷惘、虛妄、執迷不會因此消失，我也不會因為爭取到那件長袍，就自動擁有無憂的快樂人生。

然後回過頭問自己，我真的想要這件長袍嗎？我真心覺得它美麗舒適，還是只是因為別人會覺得我看起來很厲害？我願意付出那樣的代價嗎？還是我的願望不過是，有一份小小的，自己喜歡的，同時又能支撐自己的事業、一小群能夠支持我的愛人，以及一點點我想持續探索玩耍的興趣？

我的慾望確實不大，在他人眼中或許就是「低慾望」，但對我來說，重點不是慾望的多或寡，而是我是否知道它們是誰，它們在哪裡，然後承認、正視。多數人在追求的，社會所鼓譟的，我其實沒有那麼喜歡，我不需要被推著到一樣的地方去，我只想找一片悠悠的樹蔭野餐乘涼，這就是我的想望。

曾在一場演講上，分享了這份心情，會後有觀眾跑來：「我其實也跟妳一樣，不想要那些大的成就，可是很難跟別人承認，他們會覺得我沒志氣。」一定要跟大家一起拚個你死我活，才叫有志氣嗎？勇敢說出我們真正想要，踏上一條不一樣的路，也很有志氣不是嗎！

但也許到最後，我們不必再去討論這些定義，也不再需要誰的肯定了。你會明白這樣一個你，就是你最想要的你，連同「渴望認同」的慾望，都變得小小的，可以放到一邊去了。

偶爾還是會有不確定，需要跟他人取暖的時候，希望自己不致狼狽，在別人眼裡是好的，可是那個「好」，也得要我們真心感受，自己也覺得好才可以。不再僅僅是委屈，把自己塞進奇怪模子，然後覺得好陌生。

所以我說，真正的成熟，不必是無欲無求，而是知欲知求。不是要修練成仙，看破紅塵，而是知道我願修的、要練的是什麼，我想去的紅塵在哪裡。

這幾年明顯是，買衣服的頻率下降了，可是單件的質感上升，比起流行的繽紛花俏，穿起來舒適自在更重要；又比起買衣服，開始更願意用心在養生保健、喜好志趣，一個五十元的天然藥草包，就能讓日常沐浴變成盛宴、一堂三百元的運動課，就能讓身體一洩壓力。

我想要舒適健康的身體、質感優雅的形象、熱忱有貢獻的工作、知心聊不完的朋友、支持陪伴的愛人、理解珍視的家人、清澈純真的靈魂。

這些都是我的慾望，我看見它們，指認它們。

也好喜歡它們。

# 沒有過關，也沒關係

獲得誠品為我拍影像故事的機會，與製作團隊花了一個下午聊自己的故事，從失戀到與原生家庭修復關係、離職後走出自由之路，種種嘗試突破的心路歷程。他們聽完後說：「妳好像一直在闖關打怪喔！」

我的確是用這樣的心情，面對眼前的卡關，心中不斷冒出的怪，像是個人的英雄旅程，我相信這是一個升級的過程。

不過也不是每次都能如願闖關，譬如三十歲生日本來想去刺青，對於曾經的乖學生來說，這是一個了不起的決定，想在左手肘內側刺上家犬襪子，作為恆長的印記，紀念襪子給我滿滿純淨的愛。

找設計師朋友畫好圖案，預約了毛孩社團推薦的刺青師，萬事都準備好，卻在前一個禮拜開始猶豫：「我有需要做這件事嗎？做這件事的意義是什麼？」「我只想給自己看到刺青，不想給其他人看到，但又希望自己能常常看到，那可以刺在哪裡？」好像繞口令的問題，J直白回覆：「那就是你心上啊！」對耶，那我還需要刺嗎？需要用一個外在的圖案證明我多愛他嗎？

剛好J也想刺青，我決定先陪他去，看看現場怎麼回事。他選了一隻巨大鯨魚刺在腰側，聽說是疼痛指數最高的位置，細細的針頭才劃過去，J就抓著抱枕咬牙猙獰，連髒話都罵不出來，耗時六小時才完成。

怕痛的我當下決定放棄，請設計師把圖案印成紋身貼紙，無痛刺青。

又譬如我一直不喜歡一個人睡，怕黑又怕鬼。天生容易緊張的性格，對周遭的一切敏感細膩，夜晚的寂靜讓我更容易聽見細碎聲音，需要在床周圍鋪滿枕頭像個堡壘，再縮成一個嬰孩抱著娃娃，才能感到些許安心。

多數夜晚背著整袋思緒上床，把他們一一展開：「人為什麼要活著？」「我們來地球做什麼？」「我為什麼在這裡呢？」「時間的盡頭是什麼？」問題太難了，想不到答案，只好再一個個塞回袋子，通常天已半亮。

不眠的症頭從嬰孩時期就如此，夜晚一切都昏沉入睡，只有我的雙眼還睜得大大盯著天花板。媽媽會和爸爸騎車載我兜風，我在車上夾在他們之間，總能睡好，可是只要一到家，車子停下的瞬間，我就會立刻醒來，他們只好再一次出發。

怕黑夜，怕鬼魅，怕睡去，也許背後最大的恐懼是死亡。

小學二年級的一個夜晚，家裡電話突然響起，媽媽接起後很平靜：「喔喔，好。」然後說阿祖去世了，明天要過去一趟。我對阿祖不太熟悉，只見過一兩次，第一次碰上親人逝世，心想好可怕喔，家裡有人死掉了。

隔天穿上深色衣服去看阿祖，那時喪葬的儀式還很傳統，阿祖的大體就放在家中客廳，旁邊還有電扇吹著，他們說這樣可以幫助靈魂快點脫離肉體，自在隨菩薩離去。原來有個人一動不動地躺在那邊，就是死亡。

人死後會變成鬼，有張家族的大合照壓在書桌下，阿祖站著的那半邊我刻意拿東西遮著，不敢去看；梳妝臺的盒子放了一張阿祖的手尾錢，長輩說可以保平安，我也一直不敢去碰。

死亡到底是什麼，我不明白，越不明白就有越多恐懼，世上至今也沒有半個人能給出正確答案。

大學畢業沒多久，親近的阿公走了，真正感受到離別的傷痛，這次不害怕看見他的照片和遺物，也不擔心他變成鬼，只有濃濃的思念和淚水。

「也許就是在地球的旅行結束，回到了原來的地方。」我試著拼湊出一個解釋，一個想像，一個船錨，讓我能接受正在發生的一切，期盼阿公已輕盈離去，歸於來處。

我一直不欣賞死亡，不歡迎它的出現，直到走入內心的旅程，才開始對生命的流動多了甘願。

某天睡前躺在瑜珈墊上伸展，背部貼著地板，手腳放鬆，閉上眼睛靜靜冥想，忽然想到如果死亡就是這般平靜，或許我就會像是在外旅行太久，已筋疲力竭的旅人，終於可以回家休息，而感到釋然吧。

原來好好活著，沒有太多遺憾的人，就能對死亡有更多坦然。人們對死亡的恐懼來源，就是未知和遺憾，未知的部分無法控制，只能盡力去讓自己沒有遺憾。即便現在的我還是害怕死亡，但曾有這麼一瞬間，我放下對他的恐懼，體會到了超越。

有好多恐懼，卡住的心魔，暫時沒有過關或永遠過不了關也沒關係。有時我們會氣餒，覺得自己明明很努力，卻又繞了一圈回到原點，被同樣的問題困擾；但生命不是平面的，它是立體的、有縱深的，這個圓更像個螺旋，一層一層往上也往下延伸，捆住你的事物看似同一件，但每次遇見都在不同層次，你早已慢慢在轉變。

有位朋友會定時寫遺書，做為一種自我對話，在過程中回憶至今的人生。我覺得挺好的，去想像到了生命盡頭，你想留下什麼？

綿長細語我已經寫在書裡了，或許可以來個墓誌銘，刻在墓碑上，短短告訴大家，這是一個什麼樣的人，過了怎樣的一生。

我期待我的墓誌銘會這麼寫著：

「這是一個活得剛剛好的人
走過她該去到的地方
遇見該相遇的人
碰上該發生的事
說了該表達的話
與悸動的音樂跳上了一場舞
害怕令她不明的
經歷厭惡與憎恨
道別注定放下的
承認永遠無法做到的
她活著的人生
不多不少剛剛好
恰恰最適合她」

# —後記—
# 與天地萬物在一起

立秋後的夜裡，微風清爽，我抱著襪子在外面的公園看星星。

夜色全黑，一開始只看得見六顆，但隨著眼睛適應黑暗，越來越多閃耀的小光點跑出來打招呼，我被深深震撼，原來祂們一直都在，只是我沒發現。

我默默流下了眼淚，感覺被宇宙緊緊包覆，活在蒼穹底下，像躺在一個嬰兒搖籃，被寵愛著，守護著。懷裡擁著祂賜給我的小天使，我知道祂多麼愛我，多麼愛這個世界，一股巨大的暖意流淌胸口，激動不已。

把這浪漫的夜告訴朋友，她說：「啊，妳一定有接到了宇宙，才會這麼感動。」是啊，我接到了，我融回了我來自的地方。

一路以來我時常思索著，所謂「愛」到底是什麼？這話語說的容易，實際上的體會又是什麼呢？後來我找出了自己的答案，應該就是「融合」吧。一種自己不再只是自己，是他人、是自然，也是整個宇宙的融合感，帶給我們一股親密與安定。不再孤單寂寞，坦開胸口就能擁有一切，這般寬闊與無我，就是愛的具體感受。

所以，所謂愛自己，就是與自己融合，與排拒討厭的那些自我，好好相處在一起。

只有自己清楚明白，這一路多麼不易，從一個心思敏感、頻頻受傷，又把責任推給他人、推給環境，再整天羨慕他人幸運、覺得自己可憐的人，經過徹底的覺醒與轉化，終於誠實面對了自己，慢慢梳理身上的結，才有這一刻的輕盈自在，能去感受愛，與天地同在。

想到這個書名的夜晚也是激動萬分，「我想和自己，好好在一起」，就是這輩子最深層的渴望。因為不是生來如此，因為曾深深厭惡過自己，因為每天都與自我爭戰，所以知道那深入骨髓，逃不開躲不掉的痛苦。知道他人也在經歷，因此想跟每個人說：「你並不寂寞，我跟你一樣，我們一起。」

祈願每個人都可以，每天多一點點地，跟自己好好相處在一起，那是平靜、幸福、喜樂的根源。一路上的披荊斬棘，你要自己走，沒人可以替代，也沒人可以繞過，可是通過之後，彼岸的甜美滋味，會讓你時時刻刻感激人生，感謝這個生命，慶幸自己來了這麼一遭。

讓我們與自己在一起，與萬事萬物在一起，與天地之間的一切存有，好好在一起。

# 我想和自己，好好在一起

作　　者｜曾彥菁 Amazing
發 行 人｜林隆奮 Frank Lin
社　　長｜蘇國林 Green Su

出版團隊
總 編 輯｜葉怡慧 Carol Yeh
主　　編｜鄭世佳 Josephine Cheng
企劃編輯｜許芳菁 Carolyn Hsu
責任行銷｜朱韻淑 Vina Ju
封面裝幀｜張巖
插　　畫｜良心貓罐頭 桂桑比 Xanbi Katsura
內頁排版｜黃靖芳 Jing Huang

行銷統籌
業務處長｜吳宗庭 Tim Wu
業務主任｜蘇倍生 Benson Su
業務專員｜鍾依娟 Irina Chung
業務秘書｜陳曉琪 Angel Chen・莊皓雯 Gia Chuang

發行公司｜悅知文化　精誠資訊股份有限公司
105臺北市松山區復興北路99號12樓
訂購專線｜(02) 2719-8811
訂購傳真｜(02) 2719-7980
專屬網址｜http://www.delightpress.com.tw
悅知客服｜cs@delightpress.com.tw
ISBN：978-986-510-191-6
建議售價｜新臺幣350元　　首版一刷｜2021年12月

國家圖書館出版品預行編目資料

我想和自己,好好在一起 / 曾彥菁著 -- 初版. -- 臺北市：精誠資訊, 2021.12
256面；14.8×21公分
ISBN 978-986-510-191-6 (平裝)
1.人生哲學 2.自我肯定
191.9　　110019164

建議分類｜心理勵志